Indianer-Kartei

Unterrichtsmaterialien zu Ursula Wölfels Buch „Fliegender Stern“

ab 3. Klasse

Persen
Persen Verlag

Gedruckt auf umweltbewusst gefertigtem, chlorfrei gebleichtem und alterungsbeständigem Papier.

1. Auflage 2003

8. Auflage 2012

Grafik: Thomas Berendt, Mathias Heinrichs
Satz: MouseDesign Medien AG, Zeven

ISBN 978-3-8344-**0007**-9

www.persen.de

Inhaltsverzeichnis

Einleitung

Wussten Sie, ...

... dass die Indianer neben den Eskimos und den Aleuten die Ureinwohner des amerikanischen Doppelkontinents sind?
... dass sie ihren Namen „Indianer“ eventuell dem Irrtum Kolumbus’ verdanken, der sich bei seiner Landung in Amerika in Indien wähnte?
... dass die Indianer außer in Tipis (den bekannten Zelten) in Wigwams, Hogans, Pueblos oder Langhäusern wohnten?
... dass ihre persönlichen Namen mit einem besonderen Erlebnis zusammenhingen und bei Männern auch geändert werden konnten?
... dass die Büffelherden durch den Bau der Eisenbahn fast ausgerottet wurden?
... dass die Frauen eine größere Macht hatten als in den europäischen Familienstrukturen? In vielen Stämmen war beispielsweise die Erbfolge mutterrechtlich organisiert.
... dass die Indianer in den USA seit 1924 das allgemeine Staatsbürgerrecht besitzen und in Kanada erst seit 1960 wahlberechtigt sind?
... dass es seit den 1960er-Jahren ein neues indianisches Selbstbewusstsein („Red Power“) gibt? Viele junge Indianer haben sich in der American Indian Movement (AIM) organisiert und setzen sich für die Erneuerung bzw. Wiedergutmachung der gebrochenen Verträge ein, aber auch für eine Lebensweise, die Schutz und Erhaltung der Natur in den Vordergrund stellt.

Dies alles und noch vieles mehr finden Sie in diesen Unterrichtsmaterialien rund um das Thema „Indianer“.

Das Konzept und die Elemente der Indianerkartei

„Adler steigen keine Treppen!“ – Könnte das nicht ein indianisches Sprichwort sein? Diesen Satz schrieb der Pädagoge Celestin Freinet 1967. Er meint damit die Kinder und ihre natürliche Art zu lernen. Die Kinder sind wie kleine Adler. Die Treppe ist der sorgfältig ausgeklügelte Weg zum Wissen. Die Kinder mögen diesen Weg meistens nicht. Sie nehmen mehrere Stufen auf einmal, gehen rückwärts, rutschen das Treppengeländer herunter oder fliegen nach oben, ohne die Stufen zu nutzen. Die Indianer-Kartei will keine Treppe sein. Gerade zum Thema „Indianer“ bietet es sich an, die Kinder ihren eigenen Zugang finden zu lassen. Das spontane Interesse ist da. Die Kinder wissen schon viel, wenn auch vieles davon falsch oder romantisch verzerrt ist.

Die **Lektüre von Ursula Wölfels „Fliegender Stern“** bildet die Basis für die Auseinandersetzung mit dem Thema „Indianer“. Sie können das Buch kapitelweise vorlesen und die entsprechenden lektürebegleitenden Karten anschließend von den Kindern gemeinsam bearbeiten lassen. Ältere Schüler können das Buch selbst lesen.

Die individuelle Bearbeitung der Karten kann im Rahmen der freien Arbeit oder des Wochenplans geschehen. Als Ausgangspunkt hierfür dient eine vergrößerte Kopie der Karte „Die nordamerikanischen Indianer“ (S. 24f).

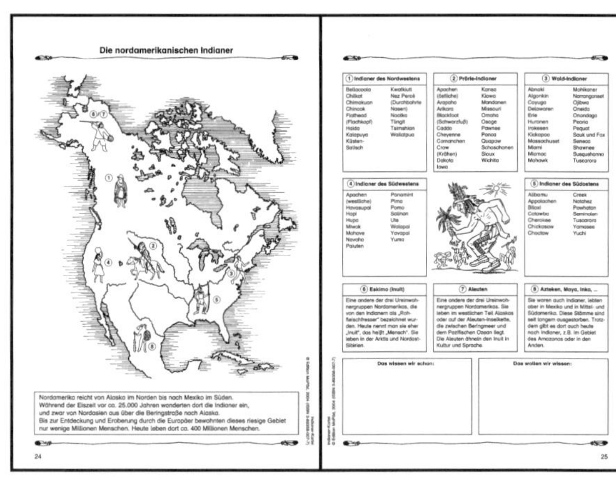

Entscheidend für den Erfolg der freien Arbeit ist Folgendes: Es müssen möglichst viele natürliche Gelegenheiten geschaffen werden, in denen die Kinder ihr frisch erworbenes Wissen wiederholen und präsentieren können. Das eigene Wissen bekommt durch die Mitteilung einen Sinn.
Die Ergebnisse sollen deshalb mit den verschiedensten Mitteln festgehalten werden.

Zum Beispiel durch:
- freie Texte
- Vorträge

- Sachzeichnungen und -texte
- Materialcollagen
- Fotos von „Ich-sah-Tänzen“
- Tanz und Theater
- Bilder
- Artikel für die Klassenzeitung
- eine Ausstellung

Eine Vergrößerung der Karte „Die nordamerikanischen Indianer“ (S. 24f.) soll der Anfang einer Wandzeitung sein, auf der die Fragen und die Arbeitsergebnisse während des Projektes festgehalten werden.

Nehmen Sie sich viel Zeit und lassen Sie die Kinder den ganzen Klassenraum mit ihren Indianerentdeckungen verändern.

Die Kartei besteht zum einen aus 14 lektürebegleitenden Karten für die Förderung des Textverständnisses, zum anderen aus 34 Sach- und Machkarten mit Angeboten zum fachübergreifenden Lernen. Mit ihnen können sich die Kinder über einzelne Aspekte des Themas informieren und sich handelnd damit auseinandersetzen.
8 Kontrollkarten ermöglichen den Kindern die selbstständige Überprüfung ihrer Arbeit.

Lektürebegleitende Karten zu „Fliegender Stern“

Jede Karte ist einem Kapitel des „Fliegenden Sterns“ zugeordnet. Jedes Kind soll also am Ende alle 14 Karten sowie die Deckkarte haben.

Die Karten haben am unteren Rand eine Registrierleiste. Sie funktioniert so:
Die Schüler schneiden die schraffierte Fläche weg, sobald sie die Aufgabe erfüllt haben. Wenn sie ihre Aufgabenblätter der Reihe nach hintereinander abheften, entsteht ein Zug aus reisenden Indianern, der mit jedem neuen Blatt länger wird. Damit dies klappt, sollte jedes Kind eine feste Mappe haben.

Die lektürebegleitenden Karten geben den Kindern Anlass, sich Kapitel für Kapitel genauer mit dem Buch zu beschäftigen. Sie sollen ihnen helfen, ein Textverständnis zu erreichen und es selbst zu überprüfen. Manche Karten regen darüber hinaus an, einen Aspekt des Kapitels, der im Buch kurz angesprochen ist, selbst auszuprobieren, wie z.B. das Nähen einer Ledertasche, das Schnitzen eines Stockes oder das Tanzen des „Ich-sah-Tanzes“.

Sach- und Machkarten

Die Sach- und Machkarten enthalten Angebote zum fachübergreifenden Lernen. Die Karten können zur freien Bearbeitung in der Klasse ausliegen. Jedes Kind bearbeitet nach seinem Interesse einige Karten. Die Kinder können auf der Deckkarte (siehe S. 9) eintragen, welche Angebote der Sach- und Machkartei sie bearbeitet haben.

Die Sach- und Machkarten informieren nicht nur über die Blackfoot-Indianer, sondern auch allgemein über Indianer und über Bräuche unterschiedlicher Stämme. So soll der Vielfalt der indianischen Kulturen Rechnung getragen werden.

Kontrollkarten

Das Auslegen der 8 Kontrollkarten in der Klasse ermöglicht den Kindern eine eigenständige Überprüfung ihrer Arbeitsergebnisse.

Warum die Indianerkartei nicht bei Winnetou, Sitting Bull oder Lucky Luke anfängt ...

Das Kinderwissen über Indianer ist von Helden geprägt. Diese Helden garantieren Spannung; in der Identifikation mit ihnen können sich die Kinder stark fühlen.
Kinder brauchen Helden – nur sind die, die ihnen die Unterhaltungsindustrie anbietet, keine Indianer. Es sind literarische, grafische oder filmische Fließbandhelden, die für ihren jeweiligen Verwendungszweck entsprechend eingekleidet werden. Der Vorteil ist: Durch Austausch der Accessoires und des Interieurs lassen sich immer neue Storys produzieren. Statt Federschmuck ein Raumanzug, statt Weltraum der Wilde Westen. So unterhaltsam es auch sein mag – dieses Vorgehen hat doch den Nachteil, dass es den Einblick in eine andere, fremde Kultur verwehrt.

Die Kinder lieben jedoch ihre Helden. Statt zu versuchen, ihr Idealbild zu zerstören, ist es auch möglich, einen Helden zu Wort kommen zu lassen, der die Kinder in die „echte" Indianerwelt hineinbringt. Der Junge Fliegender Stern aus dem gleichnamigen Roman von Ursula Wölfel ist ein solcher Held. Er ist ca. 7 Jahre alt und kann deshalb die Gefühle der Kinder besonders gut ansprechen: die Liebe zu den Eltern, Freundschaft, den Wunsch, zu den Großen zu gehören usw. Dieses Gemeinsame trägt die Kinder auf vertraute Weise mitten in die fremde Kultur.
Fliegender Stern spielt, wohnt, isst, freut sich und hat Angst wie unsere Kinder, aber er tut es auf Indianerart. Fragen an die Kultur ergeben sich so auf einem ganz natürlichen Wege.

Die Kinder werden ganz von selbst wissen wollen, wie die Indianerunterkünfte aussahen, was die Indianer spielten, wie sie jagten, welche Stämme es gab usw.
Wir haben versucht, die Bereiche, die uns am wichtigsten erschienen, in der Kartei abzudecken. Dabei haben wir vor allem darauf geachtet, einen handelnden Zugang zu eröffnen, weil es leichter ist, sich durch Machen und Spielen in eine andere Kultur hineinzuversetzen als durch reines Lesen und Reden.

Der Roman „Fliegender Stern" führt seine Leser zuerst in den indianischen Alltag. So erfahren sie viel darüber, wie ein Junge bei den Blackfoot-Indianern aufwächst, aber auch, wovon der Stamm hauptsächlich lebt: von den Büffeln. Allerdings finden die Indianer immer weniger Büffel, da diese durch den Eisenbahnbau vertrieben werden und aussterben. Fliegender Stern will den Grund wissen und besucht mit seinem Freund auf eigene Faust eine weiße Siedlung.

Natürlich kann auf gut 70 Seiten kein Anspruch auf Vollständigkeit erhoben werden.
Einige Erweiterungsmöglichkeiten der Kartei:
- Mythologie und Religion
- Tänze
- Musik
- Töpfern
- Korbflechten
- Weben
- Felsmalerei

Ergänzende Kommentare zu einzelnen Sach- und Machkarten

2 **Die ersten Indianer**
Um die Diomedesinseln zu finden, brauchen die Kinder einen guten, detaillierten Atlas, da sie sehr klein sind.

15 **Indianerfrauen**
An der Behandlung der Frauen wird der Unterschied zwischen Indianerklischee und indianischer Kultur besonders deutlich. Selbst Ursula Wölfel billigt Sonne-über-dem-Weg, der Mutter des Fliegenden Sterns, nur eine Nebenrolle zu. Dabei wäre hier besonders viel richtig zu stellen. Die meisten Indianer lebten nämlich nicht in Männer- oder gar Führergesellschaften. Im Gegenteil: Die Alltagsarbeit wurde bei den Indianern partnerschaftlich geteilt, wenn auch in der Regel mit strikter Aufgabenteilung. Und auf die Entscheidungen nahmen die Frauen in den meisten Stämmen einen großen Einfluss.

21 **Perlenweberei**
Kinder, die noch nie mit Perlen gearbeitet haben, werden das ohne Anleitung nur schwer hinbekommen. Deshalb hier einige Dinge, auf die sie achten sollten.

Zu ① (Arbeitsanweisung): Die Kettfäden müssen so weit auseinander sein, wie die Perlen dick sind. Die angegebenen 2 mm sind nur ein Richtwert.

Zu ⑦/⑧: Es kommt darauf an, die Perlen richtig zwischen die Kettfäden zu drücken, damit der 2. Schussfaden wirklich unterhalb der Kettfäden durchläuft.

Übrigens: Wenn kein Karton zur Verfügung steht, geht es auch mit einem festen Pappstreifen. Das sieht dann so aus:

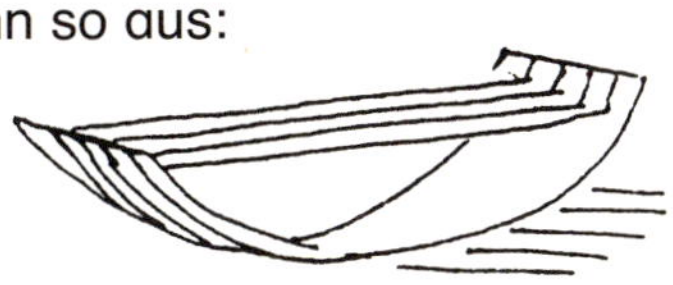

Eigene Muster lassen sich am besten auf Karo-Papier entwerfen. Jedes Kästchen steht dabei für eine Perle.

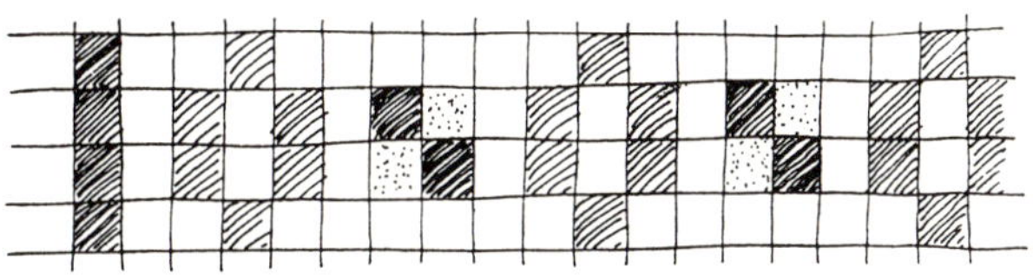

23 **Indianerspiel**
Weitere Spiele von unterschiedlichen Indianer-Stämmen:

Grizzlybären-Jagd (Dakota-Indianer):
Ein Spieler wird zum Bären ausgewählt. Er legt sich in die Mitte des Raumes und stellt sich schlafend. Die übrigen Spieler – die Indianer – nähern sich ihm langsam und vorsichtig. Einer von ihnen spielt den Häuptling und geht ganz nah an den „Bären" heran. Er fasst dessen Haare an und sagt: „Dies sind Haare von dir, Grizzlybär." Bei der Erwähnung des Wortes „Grizzlybär" springt dieser auf und jagt hinter den Indianern her, die in alle Richtungen davonrennen. Wenn er einen Indianer erwischt hat, kitzelt er ihn, bis dieser zu lachen anfängt. Dann begibt er sich wieder zur Ruhe und das Spiel beginnt von neuem.

Stöcke rauben (Choctaw-Indianer):
Zunächst werden die Spieler (max. 30) in zwei Mannschaften aufgeteilt. In der Mitte des Spielgeländes wird ein durchgehender Strich gezogen, sodass sich jede Mannschaft auf einer Seite des Spielfeldes befindet. In jeder Spielhälfte werden zwei Kreise gezogen, die etwa 5 m von der Linie entfernt sind und einen Durchmesser von 3 m haben.
In jeweils einen Kreis auf jeder Spielhälfte werden 10 Stöcke von etwa 1 m Länge gelegt. Die beiden anderen Kreise werden als Maistöpfe bezeichnet. Hier landen die Spieler, die von einem gegnerischen Spieler berührt werden, während sie in dessen Spielhälfte sind.
Die Linie zur gegnerischen Spielhälfte wird überschritten, um einen Stock aus dem gegnerischen Kreis zu rauben und in den eigenen Kreis zu bringen. Es darf jeweils nur ein Stock auf einmal geraubt werden. Besonders am Spielanfang wird es nicht einfach sein, zum gegnerischen Kreis zu kommen, ohne erwischt zu werden. Aber wenn eine Mannschaft gut zusammenarbeitet, kann sie die Gegenspieler durch Ablenkungsmanöver vom Kreis weglocken und dann Stöcke rauben.
Gewonnen hat die Mannschaft, die am Ende die meisten Stöcke in ihrem Kreis hat. Damit das Spiel dynamisch wird, sollten alle Mitspieler ermutigt werden, nicht nur die eigenen Stöcke zu schützen, sondern auch Stöcke zu rauben.

Plätze schnappen (Dakota-Indianer):
Im Mittelpunkt dieses Spiels stehen „owankas", d.h. Plätze. Jeder Platz wird durch ein Stück Stoff oder einen Kreidestrich markiert, den ein Quadrat mit 1 m Seitenlänge umgibt. Die „owankas" bilden einen Kreis. Auf jedem „owanka" steht ein Kind. Ein Kind aber steht in der Mitte und versucht, auf einen freien Platz zu gelangen. Die übrigen Kinder wechseln ständig die Plätze, sodass das Kind in der Mitte genug Möglichkeiten dafür hat. Das Kind, das dann leer ausgeht, versucht nun seinerseits, ein freies „owanka" zu erhaschen.

Wurfspeer-Spiel (Irokesen):
Eigentlich wird dieses Spiel mit kurzen Holzspeeren gespielt, aber glatte Holzstöcke von etwa 1 m Länge tun es auch. Es werden zwei Mannschaften aus je 5–10 Spielern gebildet. Beide Mannschaften stellen sich jeweils nebeneinander in einer Reihe auf. Der erste Spieler der einen Mannschaft tritt 1–2 m zur Seite und nimmt einen Ring aus Kunststoff oder Holz (Ø ca. 1 m). Er rollt ihn in etwa 1 m Entfernung langsam an der Reihe seiner Mitspieler vorbei. Der zweite Spieler wirft seinen Stock durch den Ring, ohne dass der Lauf des Rings gestört wird. Er darf dabei seinen Standplatz nicht verlassen. Dann darf der nächste Spieler seinen Stock werfen. Jeder Stock, der den Ring unbeschadet durchquert hat, zählt einen Punkt. Kommt der Ring zu Fall, ist die andere Mannschaft am Zug. Nach jeder Runde begibt

sich derjenige, der beim letzten Mal den Ring in Schwung gesetzt hat, an das Ende seiner Reihe. Derjenige, der an der Spitze steht, nimmt jetzt den Ring.

Dodge Ball (Pueblo-Indianer):
Dieses Spiel hat nichts mit der aus vielen Westernfilmen bekannten Dodge-City zu tun. Die Stadt dürfte ihren Namen wohl von der Wortbedeutung „Täuschung, Trick, Vergehen" haben. Dodge kann aber auch „ausweichen, sich seitwärts bewegen" heißen – und hierum geht es in diesem Spiel.
Die Mitspieler werden in zwei Mannschaften von je 10–15 Spielern aufgeteilt. Die beiden Teams stellen sich in einem Abstand von etwa 5 m in zwei parallelen Reihen auf. Der erste Spieler der Mannschaft tritt einen Schritt vor. Der ihm gegenüberstehende Spieler der anderen Mannschaft hat einen weichen Ball in der Hand und wirft damit auf den Spieler der ersten Mannschaft. Dieser darf sich bücken oder zur Seite drehen, allerdings darf er sich nicht von der Stelle bewegen. Wird er vom Ball seines Gegenspielers getroffen, muss er zur gegnerischen Mannschaft überwechseln. Wird er nicht getroffen, muss der Werfer die Mannschaft wechseln.
Anschließend tritt der zweite Spieler der ersten Mannschaft vor und sein Gegenüber wirft. So geht es weiter, bis alle Spieler der zweiten Mannschaft geworfen haben. Dann ist die erste Mannschaft mit dem Werfen an der Reihe. Gewonnen hat die Mannschaft, die am Ende am meisten Spieler hat.

Hagoo (Tlingit-Indianer):
Teilnehmer dieses Spiels sind etwa 20–30 Kinder. Jungen und Mädchen spielen hier gegeneinander. Die Mädchen bilden eine Doppelreihe. Zwischen den Reihen bleibt so viel Platz, dass ein Junge hindurchgehen kann. Am Ende des Gangs steht ein Mädchen auf einem Stuhl und winkt mit einem Taschentuch. Die Mädchen entscheiden sich für einen Jungen, z.B. Peter. Sie rufen dann: „Hagoo, Peter! Hagoo, Peter!" „Hagoo" bedeutet auf Deutsch übersetzt „Komm her!". Der Junge geht durch den Gang zwischen den beiden Mädchenreihen hindurch, die weiterhin „Hagoo, Peter!" rufen und versuchen, ihn zum Lächeln oder Lachen zu bringen. Peter bemüht sich, allen Versuchungen zu widerstehen, geht auf den Stuhl zu und greift dort nach dem Taschentuch. Das Mädchen auf dem Stuhl kann ihn noch ein paarmal vergeblich nach dem Taschentuch schnappen lassen. Wenn Peter endlich das Tuch in der Hand hält, muss er ohne zu lächeln zurück durch die Reihen der Mädchen.
Wenn er zu lächeln oder zu lachen anfängt, wird er zum Gefangenen der Mädchen erklärt und kommt erst wieder frei, wenn ein anderer Junge den Test besteht. Wenn sich alle Jungen aufgemacht haben, das Taschentuch zu holen, wechseln die Rollen, und die Mädchen werden auf die Probe gestellt.

24 **Indianisches Märchen**
Das gewählte Märchen enthält viele bildhafte Szenen, die sich gut für eine szenische Darstellung eignen. Die Kinder sollten beim Spielen berücksichtigen, dass die Indianer tänzerische Formen der Darstellung bevorzugen (vgl. L14 : „Ich-Sah-Tanz").
Sie können die Kinder auch anregen, sich dazu Masken anzufertigen. Damit der Zusammenhang des Märchens von den Zuschauern verstanden wird, kann ein Sprecher Teile erzählen oder vorlesen.

29 **Geschichte in Indianerschrift**
Die Geschichte, die hier in Symbolschrift dargestellt ist, gibt einen guten Einblick in das indianische Denken. Es wird die Zerstörung der Natur durch den weißen Mann dargestellt, durch die die Indianer immer weiter nach Westen vertrieben wurden. Trotzdem ist der weiße Mann der Bruder des roten Mannes. Er sieht am Ende der Geschichte seine Fehler ein und versucht sie wieder gutzumachen.

Die Karten müssen natürlich für die Kinder kopiert werden. Zuerst werden die Schriftkarten aus dem Ausschneidebogen geschnitten. Danach versuchen die Schüler durch Probieren, die Bedeutung der Bildsymbole herauszufinden. Auf der Kontrollkarte kann jedes Kind sehen, ob es alles richtig gemacht hat.

Wahrscheinlich werden die Kinder selbst darauf kommen, eigene Texte auf diese Weise zu schreiben. So können sie einander Briefe schreiben, aber auch Beiträge für die Klassenzeitung.

Indianer

1

Name

7

6

2 3 4 5

11

8 9 10

18

14 15 16 17

22

19 20 21

23 24

28

25 26 27

29

32

30 31

12 13

Name ____________________________________

Indianername ____________________________________

Klasse ____________________________________

Fliegender Stern

L1

Ursula Wölfel erzählt die Geschichte
von einem Indianerjungen.
Der Junge heißt Fliegender Stern.
Er lebte vor mehr als 100 Jahren.
Die Weißen hatten viele Indianer
getötet, um Land zu bekommen.
Darum lebten damals nicht mehr viele
Indianer in Nordamerika.
Die letzten freien Indianerstämme
lebten im Nordwesten an der Grenze
zwischen den USA und Kanada.
Zu ihnen gehörte der große Stamm
der „Schwarzfuß-Indianer“.
Von ihnen erzählt die Geschichte.

Kennst du noch andere Indianerstämme?

Was fällt dir zum Thema Indianer alles ein?
Benutze die Rückseite, wenn der Platz nicht reicht!

Mehr über Indianernamen erfährst du hier: 1

Zum 1. Kapitel: Rätsel

Trage die Antworten in die Kästchen ein. Arbeite mit einem Nachbarn zusammen! Wenn du die Fragen richtig beantwortest, kannst du in den hervorgehobenen Feldern den Titel des 1. Kapitels lesen.

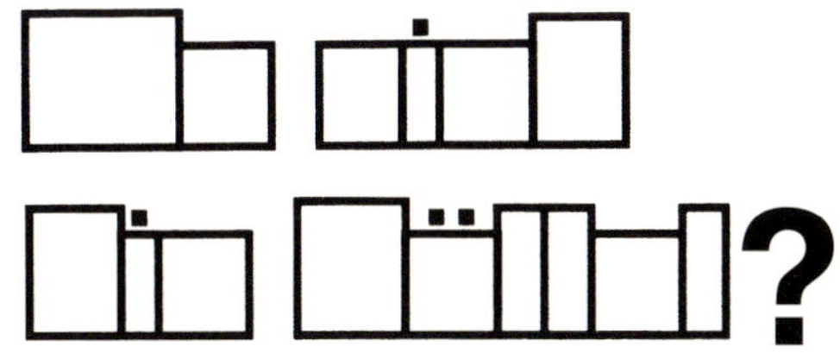

1. Zu welchem Indianerstamm gehörte Fliegender Stern?
2. Die Indianerkinder spielten gerne ...
3. Aus Büffelhaut machten die Indianer ...
4. Welche Menschen wurden vor mehr als 100 Jahren getötet?
5. Wer tötete viele Indianerstämme? Der weiße ...
6. Die Schwarzfuß-Indianer wohnten in ...
7. Die Heimat der Schwarzfuß-Indianer war ...
8. Sie töteten die Tiere mit ...
9. Wie heißt der Junge in der Geschichte?
10. Meistens aßen sie Fleisch vom ...
11. Sie aßen Büffelfleisch und wilde ...
12. Das Buch „Fliegender Stern“ schrieb Ursula ...
13. Abends saßen die Erwachsenen am ...
14. Bei der Büffeljagd saßen sie auf ...
15. Die Mutter trug die Babys in einem ...

Zum 1. Kapitel: Ledertäschchen herstellen

L3

Die Schwarzfuß-Indianer stellten aus Büffelhaut Zelte, Kleider und Schuhe her. Die Kinder nähten sich aus den Lederresten kleine Umhängetaschen. Unten siehst du, wie sie gemacht werden.

Du brauchst ein rechteckiges Lederstück, eine Lochzange, dünne Lederstreifen und eine ungefähr 100 cm lange schöne Schnur.

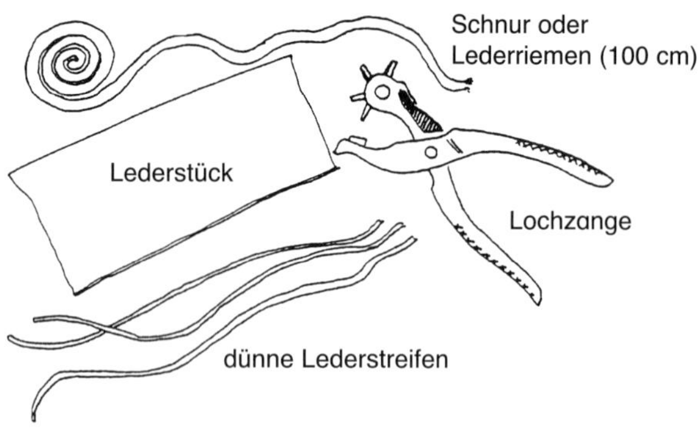

Zuerst knipst du mit der Lochzange (kleinste Einstellung) auf beiden Seiten Löcher in das Leder (gerade Anzahl). Den Abstand von 1 cm musst du vorher anzeichnen.

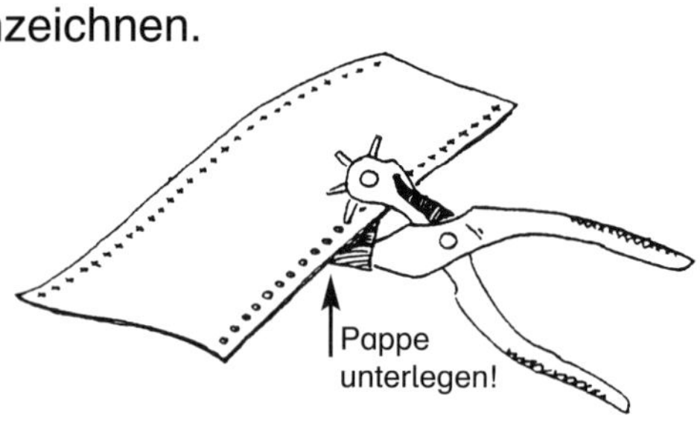

Dann faltest du das Lederstück so, dass die Löcher an beiden Seiten aufeinander zu liegen kommen. Du nimmst einen Lederriemen, machst einen Knoten an das Ende und schneidest das andere Ende spitz zu.

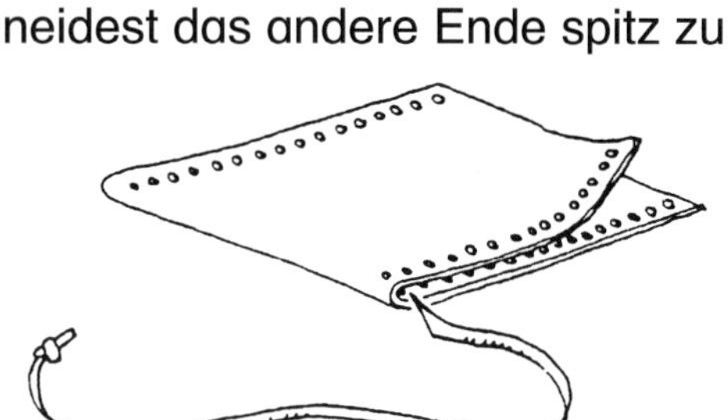

So kannst du den Riemen leichter durch die Löcher fädeln.

Wenn dein Riemen zu kurz ist, klebst du einfach den nächsten dran (2 cm überlappen lassen).

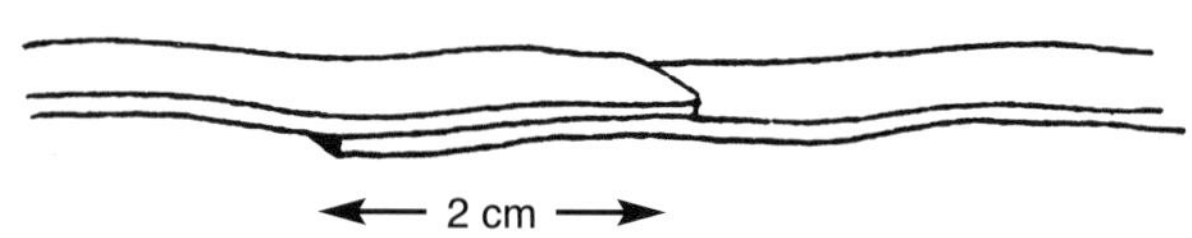

Am Schluss verknotest du den Faden, knotest den Trageriemen an die Tasche, fertig!

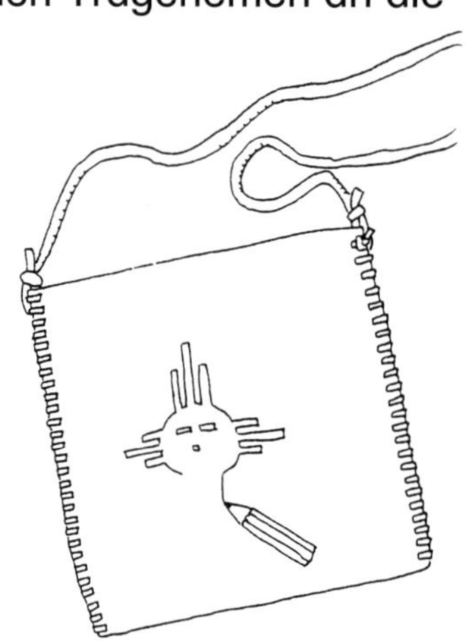

Eine Indianertasche ist bunt bemalt. Du kannst dafür Filzstifte nehmen. Das Vorzeichnen geht am besten mit einem weichen Bleistift.

Echte Indianermotive findest du hier: 25

Zum 2. Kapitel: Das braune Pferd

L4

Lies das 2. Kapitel.
Kreuze die Buchstaben
vor der richtigen Antwort an.

① Wie wurden die Schwarzfuß-Indianer geweckt?

(W) Durch einen Hahnenschrei.
(R) Durch einen Wecker.
(P) Durch einen Ausruf.

② Die Jungen bekamen ein eigenes Pferd, ...

(A) wenn sie besonders lieb waren.
(F) wenn sie zu den Großen gehörten.
(R) wenn sie sich mit den Mädchen zankten.

③ Die Schwarzfuß-Indianer wohnten in ...

(U) Holzhütten.
(T) Lehmhütten.
(E) Lederzelten.

④ Die Schwarzfuß-Indianer reisten ...

(E) zu Fuß.
(R) zu Pferd.
(O) mit der Eisenbahn.

⑤ Warum zogen die Schwarzfuß-Indianer immer wieder an einen anderen Platz?

(S) Sie wollten etwas Neues entdecken.
(A) Sie hatten Lust zu reiten.
(D) Sie zogen den Büffeln nach.

⑥ Die Schwarzfuß-Indianer ...

(N) wohnten an einem Ort (sesshaft).
(E) zogen immer weiter (Nomaden).

Lösungswort: ☐☐☐☐☐☐

Zum 3. Kapitel: Am schwarzen Wasser L5

Lies genau nach. Wer hat das gesagt?

Wähle für jeden eine Farbe: Fliegender Stern, Grau-Hengst, Großer Felsen, die anderen und den Vater. Male die Sätze in der passenden Farbe an. Ein Satz bekommt zwei Farben.

„Steh auf, Fliegender Stern!“

„Was ist?“

„Du sollst mit zum See!“

„Ich bin noch zu müde.“

„Soll ich mich für meinen Bruder schämen?“

„Los!“

„Komm, Fliegender Stern!“

„Nun zeige, dass du wirklich ein Großer bist!“

„Ich befehle es dir!“

„Wirf mich hinein!“

„Das gilt nicht.“

„Aber komm, gib mir die Hand, wir springen zusammen.“

„Für heute ist das genug.“

„Schlag mich!“

„Er hat sich die spitzesten Nadeln ausgesucht!“

„Aber fest!“

„Noch fester!“

„Weiter!“

„Wir wissen jetzt, dass du ein tapferer großer Junge bist!“

„Du wirst ein tüchtiger Mann werden, Fliegender Stern!“

„Aber ich habe große Angst gehabt ...“

„Ich weiß.“

„Auch erwachsene Männer haben manchmal Angst.“

Male ein Bild zum 3. Kapitel.
Hattest du auch Angst, als du schwimmen gelernt hast? Erzähle.

Zum 4. Kapitel: Die neue Angel

L6

Fliegender Stern bekam von seiner Mutter einen Angelstock mit einer Schnur und einem Haken aus Fischgräte daran.
Auch ihr gutes Messer lieh sie ihm. Damit schnitzte er viele kleine und große Sterne in das Holz.
Nun sah jeder, diese Angel gehört dem, der Fliegender Stern heißt.

Schnitze dir auch einen Stock.
Am besten geht es mit einem Haselnuss-Stock und einem spitzen Messer.
Erfinde ein eigenes Muster, das zu deinem Namen passt!

Zuerst musst du die Ränder deines Musters tief einritzen.

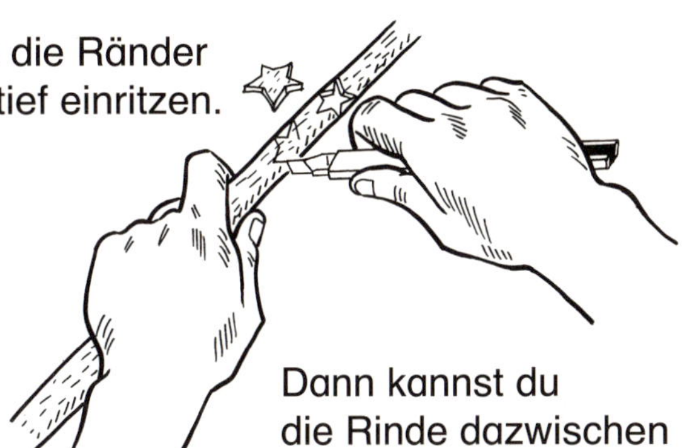

Dann kannst du die Rinde dazwischen leicht herausheben.

Vorsicht!
Beim Schnitzen immer die Schneide vom Körper weg führen und die andere Hand hinter dem Messer lassen.

Natürlich will Fliegender Stern gleich viele Fische angeln.
Wie erklärt er seiner Mutter abends, dass er keinen Fisch gefangen und trotzdem einen Fisch im Beutel hat?

Diesen Fisch hat mir Großer Felsen .

Ich habe nämlich zuerst mit den Kleinen

und nachher konnte ich nicht

und dann war es .

**Versuche das Kapitel nachzuerzählen.
Die Stichwörter sollen dir dabei helfen.
Schreibe auf der Rückseite weiter,
wenn der Platz nicht reichen sollte.**

Jagd zu gefährlich
Frage an Grasvogel
wütend auf die großen Jungen
Bruder-Freund
Sprung ins Wasser
Grasvogel sackt ab
Rettung durch Großer Felsen
Strafe der Großen
Grasvogel bei den Großen aufgenommen

Zum 6. Kapitel: Der Zaubermann

Setze die richtigen Wörter in die Lücken.
Streiche die Wörter durch,
die du verwendet hast.
Zwei Wörter bleiben übrig.

- Angst
- Büffel
- Eisenbahn
- feurigen Wagen
- Geistern
- Kranken
- Schiffe
- weißen Mann
- Wetter
- Wissendes Auge
- Zaubermann
- Zelte aus Holz und Steinen

Der Arzt der Indianer war der ____________.

Er heilte die ________.

Er sagte das ______ voraus.

Er redete mit den ________.

Der Zaubermann in Ursula Wölfels Geschichte heißt ____________ ______.

Er erzählt den Indianerjungen vom ______ ______:

„Manchmal wohnen die Weißen in schwimmenden Häusern."

Er meinte damit ________.

Die Häuser der Weißen nannte er so:

_____ ___ ____ ___ _______.

Er sprach auch von einem ________ ______.

Damit meinte er die ________.

Lies genau nach und füll die Lücken aus.

Fliegender Stern will mit den weißen Menschen sprechen.

Er will ihnen sagen, … .

Vaters Satz geht ihm nicht aus dem Kopf:

„Ehe … ."

Was hat dieser Satz mit den Büffeln zu tun?

(19) **Die Karte zeigt, wie wichtig die Büffel für die Indianer waren. Was stellen die Indianer aus den verschiedenen Teilen des Büffels her? Schreibe auf!**

Fleisch, Blut: ______________________________

Sehnen: ______________________________

Schwanz, Kopf, Hörner, Zähne: ______________________________

Blase, Darm: ______________________________

Fett: ______________________________

Knochen: ______________________________

Fell, Leder: ______________________________

Zum 8. Kapitel: Die eiserne Zwillingsschlange

L10

In diesem Gitter findest du Wörter aus dem 8. Kapitel, wenn du in den folgenden Richtungen suchst: → ↓ ↗ ↘
Streiche die Wörter durch, die du gefunden hast.

S	T	I	C	A	B	E	R	G	E	W
I	S	C	H	L	A	N	G	E	Z	S
L	A	E	T	G	E	N	I	B	O	T
B	U	S	Ä	Q	Z	Ü	G	E	L	E
E	A	C	X	A	P	P	I	S	Ö	R
R	T	H	U	N	G	E	R	U	T	N
N	P	L	A	N	P	U	T	D	B	S
E	H	E	I	M	L	I	C	H	U	C
S	T	I	Z	Ü	O	W	R	N	R	H
T	B	C	U	D	Q	L	E	R	T	N
R	E	H	B	E	P	S	I	Z	O	U
A	T	E	K	L	I	R	R	E	N	P
F	A	N	I	E	U	P	F	A	D	P
E	G	R	A	S	V	O	G	E	L	E

Angst
Berge
Eisen
Grasvogel
heimlich
Hunger
klirren
Lied
müde
Pfad
Plan
Rast
Schlange
schleichen
silbern
Sternschnuppe
Strafe
Zügel

Was ist mit der „eisernen Zwillingsschlange" gemeint?
Male ein Bild dazu.

Mehr darüber erfährst du hier: 5

Zum 9. Kapitel: Rätsel

Löse das Rätsel.
Du kannst auch mit einem Partner zusammenarbeiten.
Die Buchstaben in den hervorgehobenen Kästchen ergeben die Überschrift.

1. Fliegender Stern hatte ein Pferd. Es hieß ...
2. Auf dem Weg zu den Weißen fanden zwei junge Indianer wenig ...
3. Der Bruder-Freund von Fliegender Stern hieß ...
4. Die Schwarzfuß-Indianer lebten in der Prärie. Dieses Land war ...
5. und ...
6. Der „Eiserne Pfad" waren die ...
7. Die Jungen hörten von den Felsen ein ...
8. Die Jungen glaubten, im Land der Weißen wohnten böse ...
9. Fliegender Stern und Grasvogel wollten Hunger und Angst vergessen. Sie erzählten sich deshalb alte Indianer ...
10. Grasvogels Pferd hieß ...
11. Das Loch im Berg war ein ...
12. Fliegender Stern war ein guter ...
13. Das Land der Prärie-Indianer war flach. Im Land der Weißen gab es viele ...

Mehr darüber erfährst du hier: 5

Zum 10. Kapitel: Zauberzeichen und Büffelbild

L12

**Lies das 10. Kapitel.
Kreuze die Buchstaben vor
den richtigen Antworten an.**

① Was machen die weißen Menschen, als sie Fliegender Stern und Grasvogel sehen?

- **R** Sie schießen auf die beiden.
- **B** Sie rufen etwas, das die Jungen nicht verstehen.
- **P** Sie schimpfen mit den Jungen.

② Wie begrüßen Fliegender Stern und Grasvogel die weißen Männer?

- **A** Sie geben ihnen die Hand.
- **Ö** Sie beugen sich zu ihnen und reiben ihre Nasen aneinander.
- **Ü** Sie legen ihre rechte Hand vor die Stirn und verneigen sich.
- **E** Sie winken ihnen zu.

③ Wie fühlt sich Fliegender Stern, als die Männer lachen, sich verbeugen und mit den Schultern zucken?

- **F** Ausgelacht.
- **P** Willkommen.
- **O** Verstanden.

④ Ein Mann kennt Indianer und kann ihre Sprache sprechen. Wer ist Christoph?

- **F** Ein Cowboy.
- **Ä** Der Häuptling.
- **F** Ein Arzt.

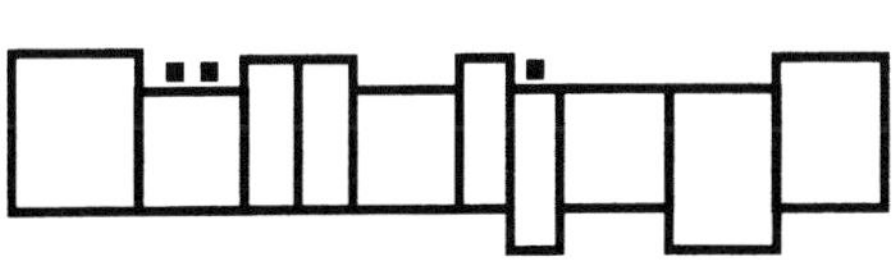

⑤ In Frieden mit denen leben, die euch Böses getan haben? Was hält Fliegender Stern von diesem Rat?

- **A** Er findet ihn sinnvoll und möchte allen Indianern davon erzählen.
- **E** Das will er nicht lernen. Lieber möchte er als Mann viele weiße Menschen töten.

⑥ Dr. Christoph zeigt den Jungen eine Menge (mehrere Antworten stimmen):

- **L** Wie einige Buchstaben klingen und aussehen.
- **S** Wie man mit dem Gewehr schießt.
- **J** Dass der Feuerwagen eine Eisenbahn ist.
- **A** Wo vor kurzem viele Büffel gesehen wurden.
- **G** Wie Bücher aussehen.

⑦ Fliegender Stern kann sich am Schluss nicht mehr vorstellen, einen der weißen Männer zu töten. Warum?

- **R** Weil sie mit ihnen zusammen gegessen haben.
- **D** Weil er sie kennt und sie für ihn gesungen haben.
- **T** Weil sie ihm mit den Gewehren Angst eingejagt haben.

Zum 10. Kapitel: Zeichensprache **L13**

Die Indianer und die Weißen hatten verschiedene Sprachen.
Deshalb konnten sie sich nicht unterhalten.
Auch hatte fast jeder Indianerstamm seine eigene Sprache.
So dachten die Indianer sich eine Zeichensprache aus.
Damit konnten sie einfache Mitteilungen machen.

Versuche einem Mitschüler oder einer Mitschülerin etwas mit der Zeichensprache zu erzählen!

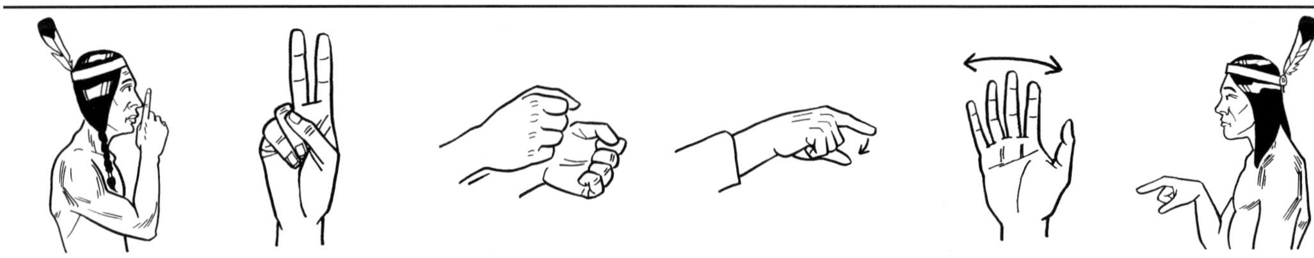

ich | Wolf | kämpfen | ängstlich | Frage | du

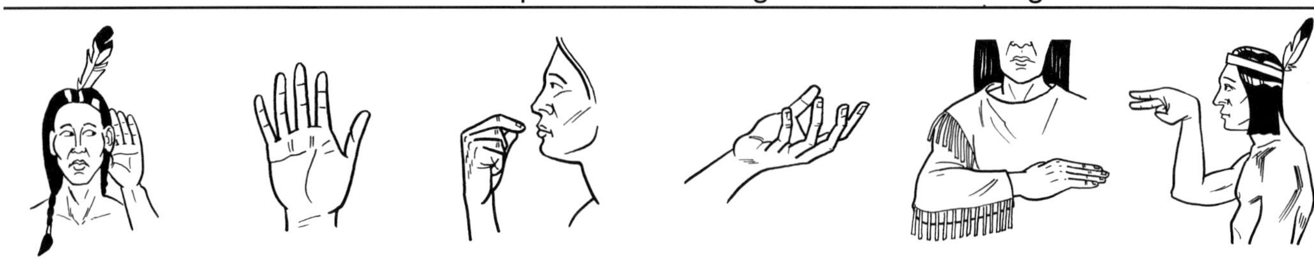

hören | alle | essen | Feuer | gut | sehen

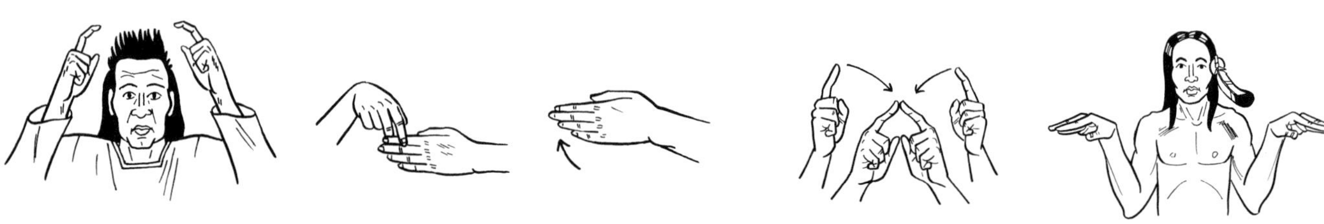

Büffel | Pferd | gehen | zusammentreffen | fliegen

Was die Federn zu bedeuten hatten, erfährst du hier: 20

Zum 11. Kapitel: Der Ich-Sah-Tanz

L14

Fliegender Stern und Grasvogel sangen und tanzten ihrem Stamm ihre Erlebnisse beim weißen Mann vor. Dazu bemalten sie sich.

Die Gesichtsbemalung der Indianer hatte unterschiedliche **Bedeutungen**.
Zum Beispiel:

- Die Indianer wollten schön aussehen.
- Sie wollten zeigen, zu welchem Stamm sie gehörten.
- Man konnte erkennen, ob der Indianer ein Häuptling oder ein Krieger war.
- Man konnte erkennen, ob er trauerte oder ein Fest feierte.
- Man konnte sehen, ob er auf die Jagd ging oder sich auf einen Kriegszug vorbereitete.

Oft wurde nicht nur das Gesicht bemalt, sondern auch der ganze Körper, das Tipi, die Kleider, das Pferd usw.
Bei manchen Stämmen war auch das Tätowieren sehr beliebt.

Mischt euch selbst Schminkfarben.

Ihr braucht dazu: kleine Töpfchen, etwas Schweineschmalz, Holzstäbchen und einen Mörser. Als Farbe könnt ihr z.B. Holzkohle, Kreide, trockenen Ton oder Rote-Beete-Saft nehmen. Vielleicht fällt euch ja noch mehr ein. Wenn ihr keine natürlichen Farbstoffe auftreiben könnt, könnt ihr auch Farbbrocken aus dem Malkasten verwenden.

So geht es: Erst den Farbstoff im Mörser zerstampfen, damit er sich im Fett gut verteilt. Dann Schmalz und Farbpulver verrühren.

Jede Farbe hatte übrigens eine Bedeutung:

- **Rot** war die Farbe der Kriegsbemalung. Deshalb nennen wir die Indianer heute noch „Rothäute“. Ihre natürliche Hautfarbe ist hellbraun.
- **Weiß** war die Farbe der Trauer.
- **Schwarz** war die Farbe der Freude. So malten sich z.B. die Jugendlichen an, wenn sie zum ersten Mal auf die Jagd gingen oder auf den Kriegspfad zogen.

Versucht zu zweit, ein Erlebnis als „Wir-sahen-Tanz“ vorzutanzen. Bemalt euch eure Gesichter und vergesst die Trommel nicht!

Die nordamerikanischen Indianer

Nordamerika reicht von Alaska im Norden bis nach Mexiko im Süden.
Während der Eiszeit vor ca. 25.000 Jahren wanderten dort die Indianer ein, und zwar von Nordasien aus über die Beringstraße nach Alaska.
Bis zur Entdeckung und Eroberung durch die Europäer bewohnten dieses riesige Gebiet nur wenige Millionen Menschen. Heute leben dort ca. 400 Millionen Menschen.

① Indianer des Nordwestens

Bellacoola
Chilkat
Chimakuan
Chinook
Flathead (Flachkopf)
Haida
Kalapuya
Küsten-Salisch
Kwatkiutl
Nez Percé (Durchbohrte Nasen)
Nootka
Tlingit
Tsimshian
Wailatpua

② Prärie-Indianer

Apachen (östliche)
Arapaho
Arikara
Blackfoot (Schwarzfuß)
Caddo
Cheyenne
Comanchen
Crow (Krähen)
Dakota
Iowa
Kansa
Kiowa
Mandanen
Missouri
Omaha
Osage
Pawnee
Ponca
Quapaw
Schoschonen
Sioux
Wichita

③ Wald-Indianer

Abnaki
Algonkin
Cayuga
Delawaren
Erie
Huronen
Irokesen
Kickapoo
Massachuset
Miami
Micmac
Mohawk
Mohikaner
Narranganset
Ojibwa
Oneida
Onondaga
Peoria
Pequot
Sauk und Fox
Seneca
Shawnee
Susquehanna
Tuscarora

④ Indianer des Südwestens

Apachen (westliche)
Havasupai
Hopi
Hupa
Miwok
Mohave
Navaho
Paiuten
Panamint
Pima
Pomo
Salinan
Ute
Walapai
Yavapai
Yuma

⑤ Indianer des Südostens

Alibamu
Appalachen
Biloxi
Catawba
Cherokee
Chickasaw
Choctaw
Creek
Natchez
Powhatan
Seminolen
Tuscarora
Yamasee
Yuchi

⑥ Eskimo (Inuit)

Eine andere der drei Ureinwohnergruppen Nordamerikas, die von den Indianern als „Rohfleischfresser“ bezeichnet wurden. Heute nennt man sie eher „Inuit“, das heißt „Mensch“. Sie leben in der Arktis und Nordost-Sibirien.

⑦ Aleuten

Eine andere der drei Ureinwohnergruppen Nordamerikas. Sie leben im westlichen Teil Alaskas oder auf der Aleuten-Inselkette, die zwischen Beringmeer und dem Pazifischen Ozean liegt. Die Aleuten ähneln den Inuit in Kultur und Sprache.

⑧ Azteken, Maya, Inka ...

Sie waren auch Indianer, lebten aber in Mexiko und in Mittel- und Südamerika. Diese Stämme sind seit langem ausgestorben. Trotzdem gibt es dort auch heute noch Indianer, z.B. im Gebiet des Amazonas oder in den Anden.

Das wissen wir schon:	Das wollen wir wissen:

Wie ein Indianer seinen Namen erhält

1

Indianernamen hatten immer eine Bedeutung. Ein Indianerbaby erhielt seinen Namen durch den Medizinmann. Das ganze Dorf nahm an dieser Feier teil.

Das Kind konnte nach einem Tier, einer Naturerscheinung am Tage seiner Geburt (Donner, Blitz ...) oder nach einer tapferen Tat benannt werden, die von einem Verwandten vollbracht worden war.

Eine Frau behielt ihren Namen meist ihr Leben lang. Bei einem Mann wurde dieser Name oft durch einen neuen ersetzt. Dies geschah immer dann, wenn der Mann besondere Tapferkeit bewiesen hatte oder wenn er etwas sehr Schönes oder Außergewöhnliches erlebt hatte.

Rote Wolke, berühmter Häuptling der Sioux

Denk dir mit deinen Eltern oder deinen Freunden einen Indianernamen aus. Schreibe dann eine Geschichte, wie du zu diesem Namen gekommen bist.

Welchem Ereignis verdankt Fliegender Stern seinen Namen?

Tipp: Lies im 8. Kapitel nach.

Berühmte und eigene Indianernamen:

Alter Bär
Berührt-die-Wolke
C
D
E
Flacher Hund
Gefleckter Schweif
Große Straße
H
I
J
Krähenkönig
L
M
N
O
P
Q
Regen-ins-Gesicht
Sitzender Bulle (Sitting Bull)
Stumpfes Messer
T
U
Verrücktes Pferd (Crazy Horse)
W
X
Y
Zwei Monde

Die ersten Indianer

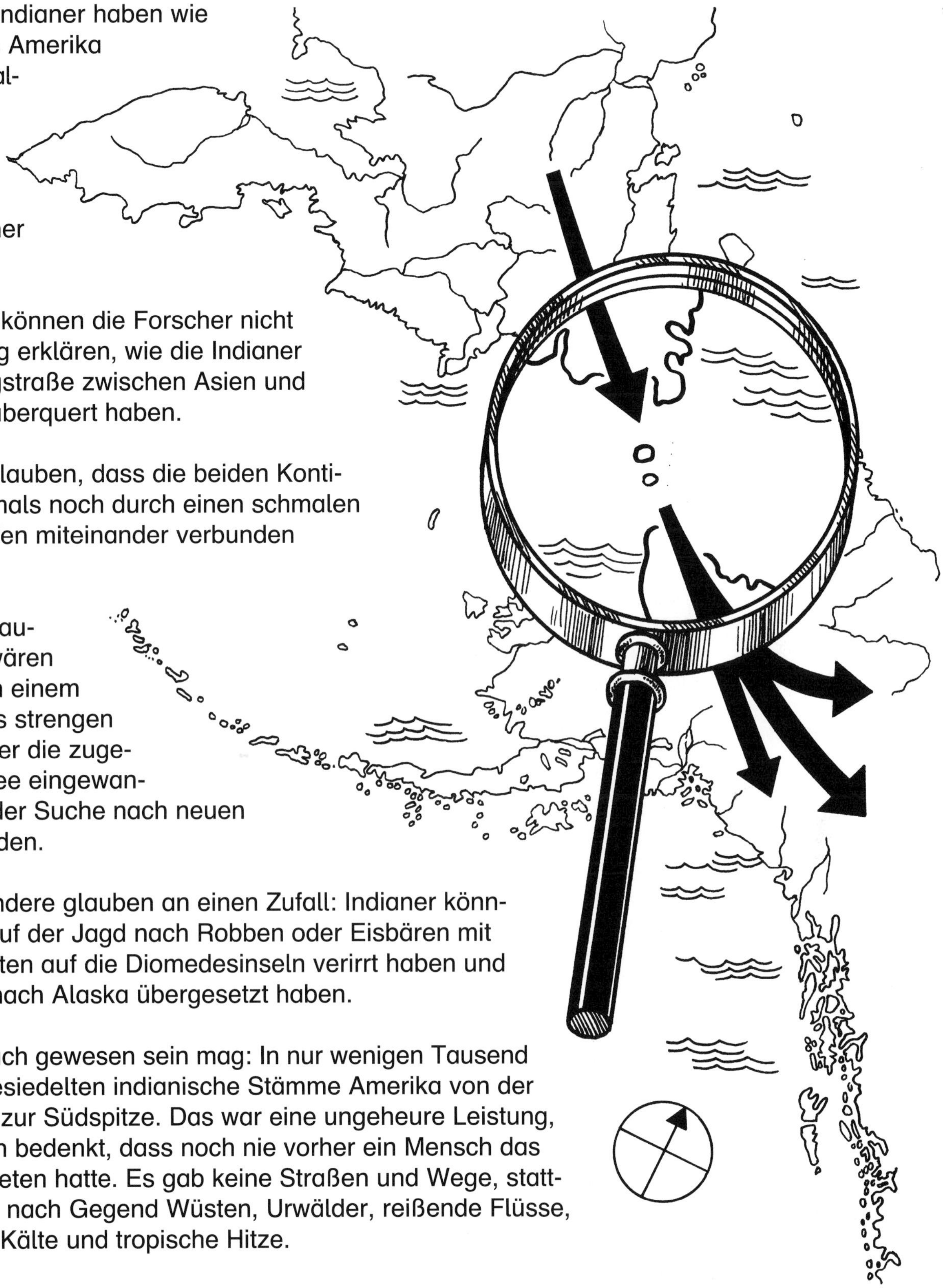

Auch die Indianer haben wie Kolumbus Amerika entdeckt, allerdings ungefähr 25.000 Jahre früher als er.

Bis heute können die Forscher nicht vollständig erklären, wie die Indianer die Beringstraße zwischen Asien und Amerika überquert haben.

Manche glauben, dass die beiden Kontinente damals noch durch einen schmalen Landstreifen miteinander verbunden waren.

Andere glauben, sie wären aus Not in einem besonders strengen Winter über die zugefrorene See eingewandert, auf der Suche nach neuen Jagdgründen.

Wieder andere glauben an einen Zufall: Indianer könnten sich auf der Jagd nach Robben oder Eisbären mit ihren Booten auf die Diomedesinseln verirrt haben und von dort nach Alaska übergesetzt haben.

Wie es auch gewesen sein mag: In nur wenigen Tausend Jahren besiedelten indianische Stämme Amerika von der Nord- bis zur Südspitze. Das war eine ungeheure Leistung, wenn man bedenkt, dass noch nie vorher ein Mensch das Land betreten hatte. Es gab keine Straßen und Wege, stattdessen je nach Gegend Wüsten, Urwälder, reißende Flüsse, arktische Kälte und tropische Hitze.

Schlage im Atlas nach und beschrifte die Karte:

Wo ist die Beringstraße?

Wo liegen die Diomedesinseln?

Der Irrtum des Kolumbus?

Woher kommt der Name der Indianer?
Dazu gibt es zwei Geschichten:

① Im Jahr 1492, ungefähr vor 500 Jahren, segelte Christoph Kolumbus mit drei Schiffen von Spanien fort. Er wollte Indien auf dem Westweg über den Atlantischen Ozean erreichen. Als er endlich Land erblickte, glaubte er in **Indien** zu sein. Die Menschen am Strand, die neugierig die fremden Schiffe erwarteten, hielt er für Inder. Deshalb bezeichnete er sie als Indianer. Er schrieb über die Indianer in sein Tagebuch: „Sie sind ein liebenswertes Volk, ganz ohne Gier, mit der lustigsten Sprache der Welt.“
Christoph Kolumbus hatte aber nicht Indien, sondern Amerika entdeckt.

② Kolumbus nannte die Menschen des neu entdeckten Landes **„una gentre en dios“** (spanisch für „ein Volk in Gott“). Aus „en dios“ wurde „Indios“, daraus das englische „Indians“ und daraus das deutsche Wort „Indianer“.

Lies in einem Lexikon nach, was du unter dem Stichwort „Kolumbus“ findest. Du kannst auch im Internet suchen.

Die Vernichtung durch Kriege und mehr 4

Nachdem Kolumbus Amerika entdeckt hatte, strömten weiße Siedler und Abenteurer in dieses neue Land. Viele verließen Europa aus Not, andere waren politisch oder wegen ihres Glaubens verfolgt. Mancher floh auch nach Amerika, weil er in seiner Heimat eine Strafe zu befürchten hatte.

Die neuen Siedler lebten aber in der Regel nicht friedlich mit den Indianern zusammen. Sie führten Krieg gegen die Indianer und trugen auch sonst auf vielfältige Weise zur Vernichtung der Indianer bei:

Die Siedler rodeten die Wälder, in denen die Indianer wohnten, und sie jagten die Büffel, von denen die Indianer lebten, bis die Tiere nahezu ausgerottet waren. Sie nahmen den Indianern immer mehr fruchtbares Land fort.

Sie lieferten sich Schlachten mit den Indianerstämmen, bei denen die Feuerwaffen der Weißen den Waffen der Indianer überlegen waren.

Als die Indianer sich wehrten, wurden sie schließlich selbst gejagt: Für einen getöteten Indianer – egal ob Krieger, Frau oder Kind – wurde ein sogenanntes Kopfgeld gezahlt.
Den wenigen übrig gebliebenen Indianern wurden kleine Stücke Land zugewiesen – sogenannte Reservate. Sie lagen oft in unfruchtbaren Gegenden, sodass die dort lebenden Indianer häufig verhungerten.

Immer mehr Indianerstämme gaben den Kampf auf und ließen sich in die Reservate umsiedeln. Doch als dort Gold und andere Bodenschätze gefunden wurden, nahm man ihnen auch dieses Land bis auf kleine Stücke wieder ab. Wenn die Weißen mit den Indianern handelten, zahlten sie oft mit Alkohol, von dem die Indianer dann abhängig wurden.

Noch im zweiten Weltkrieg wurden in Kanada Decken an die Indianer verteilt, die mit Pockenviren verunreinigt waren. Ganze Indianerdörfer starben daraufhin aus.

Wusstest du, dass auch heute noch Indianerstämme vom Aussterben bedroht sind? In Südamerika werden sie vertrieben und ihr Lebensraum wird vernichtet, weil dort die Urwälder gerodet und Bodenschätze gefördert werden.
Außerdem stecken sich die Urwald-Indianer durch den Kontakt mit der „Zivilisation“ mit Krankheiten wie der Tuberkulose an. Aber auch Krankheiten, die für uns harmlos sind, können für sie tödlich sein (z. B. Erkältungen).

Der Bau der Eisenbahn

Die Weißen wollten eine Eisenbahnstrecke vom Atlantik bis zum Pazifischen Ozean bauen. Zwei Eisenbahngesellschaften begannen mit Tausenden von Arbeitern und Ingenieuren den Bau. Die Central begann im Osten und die Union Pacific im Westen.

Büffeljäger, die von den Gesellschaften angestellt wurden, töteten ganze Büffelherden, um die vielen Menschen zu ernähren. Buffalo-Bill war einer von ihnen. Sie nahmen nur das beste Fleisch und ließen den Rest liegen.

Die Büffel hatten auch große Angst vor den zischenden, tosenden Dampfwagen. Ganze Herden wurden durch den Lärm kopflos und griffen die Züge an. Horn an Horn rannten sie alles über den Haufen, was ihnen im Weg war.

Als die Indianer merkten, dass der „Feuerwagen" ihre Lebensgrundlage, die Büffelherden, bedrohte, versuchten sie, den Bau zu verhindern. Sie hetzten die Büffel geschickt gegen die Schienenbauer.

Aber lange konnten sie den ungleichen Kampf zwischen Muskel- und Maschinenkraft nicht gewinnen. Tausende von Büffeln wurden mit modernen Feuerwaffen niedergemetzelt. Das war der Anfang vom Ende der großen Büffelherden. Später töteten Berufsjäger und Farmer die übrig gebliebenen Tiere.

Die letzten Herden zogen sich in den unbewohnten Norden zurück. Heute sind die Büffel fast ausgestorben.

Aus der Rede des Häuptlings Seattle vor dem Präsidenten der Vereinigten Staaten von Amerika im Jahr 1854.

[...] Der große, und ich nehme an gute weiße Häuptling sendet uns die Botschaft, dass er unser Land kaufen möchte, aber willens sei, uns genug zuzugestehen, damit wir angenehm leben können. Dies erscheint uns wirklich großzügig, denn der rote Mann hat nicht länger Rechte, die er respektieren muss, und das Angebot mag klug sein, denn wir werden ein so großes Land nicht länger nutzen.

Da war eine Zeit, als unsere Leute das gesamte Land bedeckten, wie die Wogen einer windgepeitschten See die muschelbewachsenen Bänke bedecken. Aber die Zeit ist lange vorbei mit der Größe der Stämme, die nun beinahe vergessen sind. Ich will nicht über den vorzeitigen Verfall trauern, noch meinen blassgesichtigen Brüdern vorwerfen, das beschleunigt zu haben, denn auch wir mögen etwas Schuld tragen.

Wenn unsere jungen Männer ärgerlich werden über einiges wirkliches oder eingebildetes Unrecht, und ihre Gesichter mit schwarzer Farbe entstellen, ihre Herzen ebenfalls entstellt und schwarz geworden sind, dann ist ihre Grausamkeit erbarmungslos und kennt keine Grenzen, und unsere alten Männer sind nicht imstande, sie zurückzuhalten. Doch lasst uns hoffen, dass die Feindseligkeiten zwischen dem roten Mann und seinen blassgesichtigen Brüdern nie mehr wiederkehren. Wir würden alles zu verlieren und nichts zu gewinnen haben. Wahr ist, dass Rache von unseren jungen Tapferen als Gewinn angesehen wird, wenn es auch das eigene Leben kostet. Aber alte Männer, die in Kriegszeiten zu Hause bleiben, und alte Frauen, die Söhne zu verlieren haben, wissen es besser. [...]

Der Gott des weißen Mannes kann seine roten Kinder nicht lieben, oder er würde sie beschützen. Sie scheinen Waisen zu sein und können nirgends Hilfe finden. Wie können wir dann Brüder werden? Wie kann euer Vater unser Vater werden und uns Wohlstand bringen und Träume von wiederkehrender Größe erwecken?

Euer Gott scheint voreingenommen zu sein. Er kam zum weißen Mann. Wir sahen ihn niemals; niemals hörten wir seine Stimme, er gab dem weißen Mann Gesetze, aber er hatte kein Wort für seine roten Kinder, die zeitweise in Millionen diesen weiten Kontinent füllten, wie Sterne den Himmel. Nein, wir sind zwei verschiedene Rassen und müssen es bleiben. Es gibt wenig Gemeinsames zwischen uns. Die Asche unserer Vorfahren ist heilig, und ihre letzten Ruheplätze sind heiliger Grund, während ihr anscheinend ohne Bedauern von den Gräbern eurer Väter weggeht. [...]

Eure Religion wurde vom eisernen Finger eines zornigen Gottes auf Tafeln von Stein geschrieben, damit ihr nicht vergessen mögt; der rote Mann konnte sie nie verstehen oder nachvollziehen. Unsere Religion sind die Traditionen unserer Vorfahren, der Traum unserer alten Männer, ihnen vom Großen Geist gegeben, und die Visionen unserer Häuptlinge, und sie ist eingeschrieben in die Herzen unserer Leute.

Eure Toten hören auf, euch und die Orte ihrer Herkunft zu lieben, sobald sie die Eingänge des Grabes passiert haben. Sie gehen ziellos dahin, weiter als die Sterne, sind bald vergessen, und kehren niemals wieder. Unsere Toten vergessen niemals die schöne Welt, die ihnen das Leben gab. Sie lieben noch immer ihre sich schlängelnden Flüsse, ihre großen Berge und ihre abgeschiedenen Flusstäler, und sie sehnen sich immer in liebevoller Neigung nach den einsamen Herzen der Lebenden und kommen oft zurück, sie zu besuchen und zu erfreuen.

Tag und Nacht können nicht zusammen wohnen. Der rote Mann ist vor der Annäherung des weißen Mannes immer geflohen, wie die wechselnden Nebel vom Berghang fliehen, bevor die Morgensonne schimmert.

Wie es auch sei, euer Vorschlag scheint gerecht zu sein, und ich denke, mein Volk wird ihn annehmen und wird sich in die Reservate zurückziehen, die ihr ihnen anbietet, und wir werden für uns und in Frieden wohnen, denn die Worte des großen weißen Häuptlings scheinen die Stimme der Natur zu sein, die aus der dichten Dunkelheit heraus spricht, welche sich rasch um sie legt wie dichter Nebel, der von der mitternächtlichen See hereinkommt. Es kommt kaum darauf an, wo wir den Rest unserer Tage verbringen. Es sind nicht viele.

Die Nacht der Indianer verspricht dunkel zu werden. Kein leuchtender Stern schwebt über dem Horizont. Traurig stimmende Winde ächzen in der Ferne. Ein unerbittliches Schicksal folgt dem Weg des roten Mannes, und wo immer er geht, wird er stets die sich sicher nähernden Fußstapfen des niederschlagenden Zerstörers hören und sich vorbereiten, seinem Verhängnis zu begegnen, wie es die verwundete Rehkuh macht, die die Fußstapfen des Jägers herankommen hört. Noch einige Monde, noch einige Winter und nicht einer von all den mächtigen Völkerscharen, die einst dieses weite Land füllten oder die nun in Restgruppen durch diese weite Einsamkeit streifen, bleiben übrig, um über den Gräbern eines Volkes zu weinen, das einst ebenso kraftvoll und hoffnungsvoll war wie euer eigenes.

Aber warum sollte man klagen? Warum sollte ich murren über das Schicksal meiner Leute? Stämme sind aus Einzelmenschen gemacht und sind nicht besser als diese. Männer kommen und gehen wie die Wellen der See. Eine Träne, Trauer und sie sind von unseren sehnsüchtigen Augen für immer gegangen. Selbst der weiße Mann, dessen Gott mit ihm umgeht wie Freund zu Freund, ist von dieser allgemeinen Bestimmung nicht ausgenommen. Am Ende werden wir Brüder sein. Wie werden sehen.

Wir werden euren Vorschlag überdenken, und wenn wir entschieden haben, werden wir es euch sagen. Aber sollten wir dem zustimmen, mache ich hier und jetzt diese erste Bedingung: Dass uns niemals das Vorrecht verweigert wird, ohne Belästigung die Gräber unserer Vorfahren und Freunde zu besuchen. Jeder Teil dieses Landes ist für meine Leute heilig. Jeder Berghang, jedes Tal, jede Ebene und jedes Gehölz ist geheiligt von einigen liebevollen Erinnerungen oder einigen leidvollen Erfahrungen meines Stammes.

[...] Und wenn der letzte rote Mann von der Erde gegangen, und sein Andenken unter den weißen Männern ein Mythos geworden sein wird, werden diese Küsten wimmeln von den unsichtbaren Toten meines Stammes, und wenn eure Kindeskinder glauben, allein zu sein auf dem Feld, im Speicher, im Laden, auf der Landstraße oder in der Stille der Wälder, werden sie nicht allein sein. [...]

Lasst uns Gerechtigkeit widerfahren und geht gütig mit meinen Leuten um, denn die Toten sind nicht immer kraftlos.

Warum hält Häuptling Seattle diese Rede?

„Tag und Nacht können nicht zusammen wohnen." Was meint er wohl damit?

Häuptling Seattle beschreibt, was den Indianern wichtig ist und was sie glauben. Er beschreibt dies auch für die Weißen. Lies nach und vergleiche.

Sind seine Zukunftsvisionen Wahrheit geworden? Schreibe deine Gedanken dazu auf!

Das große Reservat der Sioux ... 7

... und wie es immer kleiner wurde

Im Jahre 1865 hatte die Regierung den Sioux, Cheyenne und Arapaho das ganze Land zwischen den Rocky Mountains, den Black Hills (Schwarzen Bergen), dem Yellowstone (Fluss der gelben Steine) und dem Missouri zugesprochen. Es hieß das Powder-River-Land (Land am Pulverfluss). Doch ein Jahr später wurde in Idaho und Montana Gold gefunden.

Ströme von Goldsuchern fielen in das Land ein. Die Sioux wehrten sich unter ihrem Häuptling Rote Wolke, aber die Macht der Weißen war zu groß.

Auch der nächste Vertrag stellte sich für die Indianer als wertloser Fetzen Papier heraus, als auch in den Schwarzen Bergen Gold gefunden wurde.

Selbst der große Sieg der Indianer unter Sitting Bull änderte nichts daran, dass am Ende nur drei kleine Landstücke von dem großen Sioux-Reservat übrig blieben.

Aus dem stolzen und mächtigen Stamm der Sioux wurde eine kleine, halb verhungerte Gruppe ohne Hoffnung.

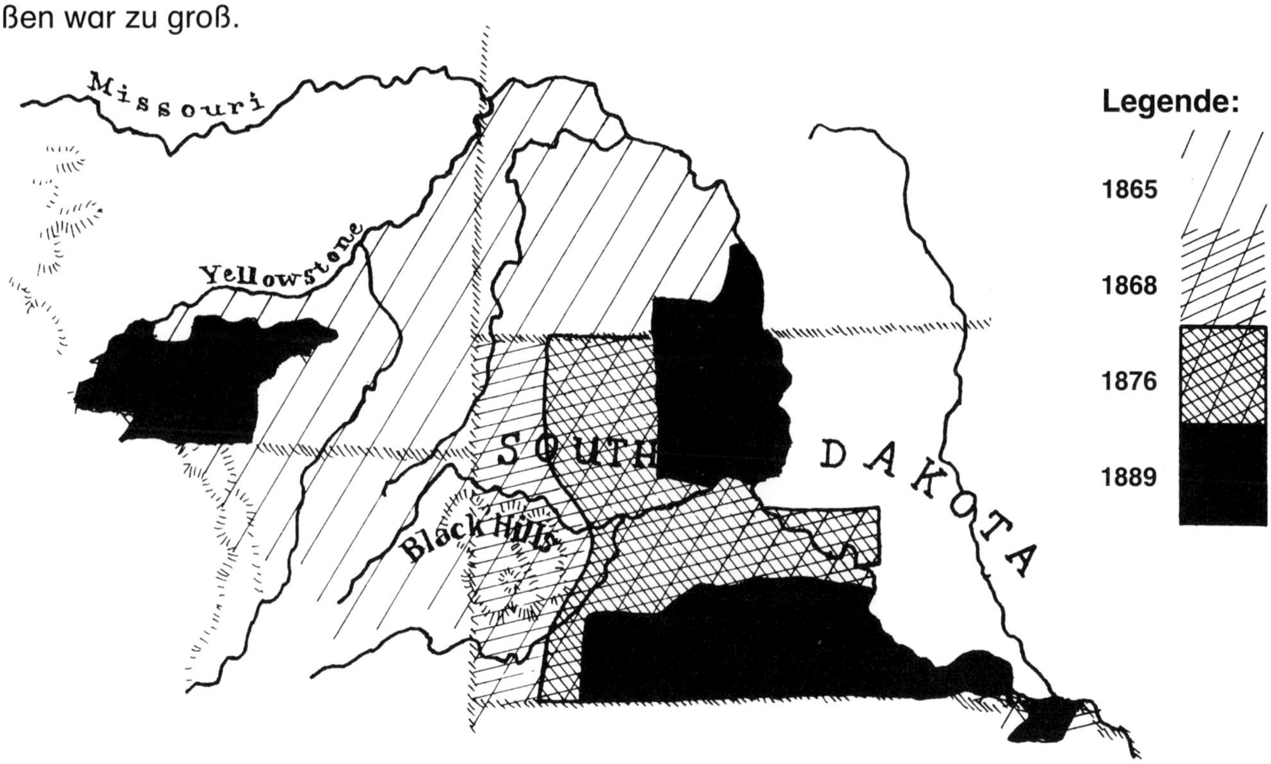

Der Sioux-Häuptling Sitting Bull hat einmal gesagt:
„Die Verträge der Weißen sind auf Wasser geschrieben.“
Was hat er damit wohl gemeint?

Suche das Powder-River-Land im Atlas
und male das Gebiet auf der Karte oben bunt an.

Wo wurde Gold gefunden?
Markiere auch diese Stellen auf der Karte.

Leben in den Reservaten

Die Reservate liegen fast alle in unfruchtbaren, abgelegenen Gebieten. Die Indianer leben dort in großer Armut, denn sie können sich nicht von ihrem Land ernähren. Sie finden dort auch oft keine Arbeit und bekommen nur eine geringe staatliche Unterstützung. Viele Indianer finden deshalb ihr Leben sinnlos und beginnen, Alkohol zu trinken oder Drogen zu nehmen. Im Rausch scheint ihnen das Leben für kurze Zeit wieder schön.

Viele junge Indianer haben wegen dieser Probleme die Reservate verlassen und sind in die Städte gezogen. Dort gibt es zwar mehr Arbeit, aber es ist für sie sehr schwer, als Indianer unter den Weißen zu leben, ohne die indianischen Bräuche zu vergessen und den Stamm zu vermissen.

Früher war es in den Reservaten noch schlimmer. Die Indianer lebten dort in ärmlichen Hütten. Schon mit sechs Jahren mussten die Kinder Internatsschulen besuchen. Diese Internate lagen oft sehr weit von den Reservaten entfernt. Wenn die Eltern ihr Kind nicht in das Internat schicken wollten, wurde es ihnen von der Polizei weggenommen. Bis zum 21. Lebensjahr blieben die Kinder in diesen Internatsschulen.

Im Sommer mussten sie oft für einen geringen Lohn bei fremden weißen Menschen arbeiten. Sie durften das Geld aber nicht behalten oder ihren Familien schicken, sondern mussten es in der Schule abgeben.

Es war den Indianerkindern verboten, ihre eigene Sprache zu sprechen. Sie durften auch nicht ihre indianische Kleidung tragen oder ihre Haare nach Indianersitte schneiden. Kein Indianermädchen durfte einem Indianerjungen die Hand geben, sonst wurden dem Mädchen die Haare bis zur Schulter abgeschnitten.

Kehrten die jungen Indianer nach vielen Jahren wieder in ihr Reservat zurück, konnten sie zwar lesen, schreiben, rechnen und Englisch sprechen, doch ihre Stammessprachen hatten sie verlernt. Alles, was ihre Eltern machten, war ihnen fremd geworden, und sie kannten die Bräuche und Sitten ihres Volkes nicht mehr.

Lest die Texte mit einigen Klassenkameraden. Schreibt eure Gedanken als Schreibgespräch auf.

Die Amerikanisch-Indianische Bewegung (AIM) 9

**Wir werden wieder leben,
wir werden wieder leben!**

Lied der Comanchen

Seit 1968 haben die Indianer ihren Widerstand gegen den weißen Mann wieder aufgenommen. Sie gehen aber nicht auf den Kriegspfad und kämpfen mit Pfeil und Bogen gegen die Polizei. Sie haben sich politisch organisiert. Das englische Wort „aim" heißt Ziel und AIM steht für **American Indian Movement** (Amerikanisch-Indianische Bewegung).

So heißt der Zusammenschluss der Indianer, die weiterhin dafür kämpfen, ...

- dass sie so leben dürfen, wie sie wollen
- dass sie ihre Kultur pflegen können
- dass sie eigene Zeitungen und Internetseiten veröffentlichen dürfen
- dass sie eigene Radiosender unterhalten können
- dass es Schulen von Indianern für Indianer gibt, die das Überleben der Indianer, ihrer Sprache und ihrer Kultur sichern
- dass Verträge mit Indianern abgeschlossen und dann auch eingehalten werden
- dass Entschädigungen gezahlt werden
- dass Indianer vor Gericht gerecht behandelt werden

Die **Besetzung von Alcatraz** ist eine der frühen Aktionen, um ihre Forderungen durchzusetzen:

Früh morgens am 20. November 1969 besetzten 14 Indianer die ehemalige Gefängnisinsel Alcatraz in der Bucht von San Francisco. Später am Tag folgten ihnen weitere Anhänger. Schließlich waren 80 Männer, Frauen und Kinder auf der Insel versammelt.

Die Besetzer forderten die Insel von der amerikanischen Bundesregierung zurück. Sie wollten dort ein indianisches Kulturzentrum und eine Universität errichten. Sie beriefen sich dabei auf einen Vertrag aus dem Jahre 1868. Damals hatten die Weißen den Indianern alles Land versprochen, das sie selbst nicht nutzten. Da die Insel seit 6 Jahren nicht mehr als Gefängnis genutzt wurde, gehörte sie zu dem Land der Indianer.

Die Regierung geriet durch die Besetzung von Alcatraz in große Verlegenheit. Der kalifornische Senator Murphy hatte Angst, dass andere Indianer auf dieselbe Idee kommen könnten: „Ich hoffe wir bekommen nicht einen ganzen Rattenschwanz solcher Forderungen", sagte er. „Denn wenn man es so betrachtet, könnte jemand auf die Idee kommen, das ganze Territorium der USA für sich zu beanspruchen."

Anderthalb Jahre hielten die Indianer unter schwierigen Bedingungen Alcatraz besetzt. Doch dann wurden sie mit Gewalt von der Insel fortgebracht.

**Findest du es richtig, dass die Indianer weiterhin kämpfen?
Was sollen sie deiner Ansicht nach tun?**

**„Remember Wounded Knee – 1890/1973" steht auf dem Zeichen der AIM.
Das heißt übersetzt: Denkt an Wounded Knee – 1890/1973.
Findest du heraus, was damit gemeint ist?**

Die „Entdeckung Europas“ 10

Der Chippewa-Indianer Happy Eagel
flog 1973 im Herbst nach Italien.
Als er am 24. September in Rom
aus dem Flugzeug stieg, stieß er
einen Speer in die Erde und sagte:

„Wenn es wahr ist, dass Kolumbus
Amerika entdeckt hat, obwohl dort seit
Tausenden von Jahren Indianer leben,
dann habe ich heute Europa entdeckt.“

Vier Tage später erklärte er Journalisten
gegenüber, die „italienischen Eingeborenen“
hätten ihn sehr gastfreundlich behandelt
und sie seien durchaus in der Lage,
ihr Land selbst zu regieren.

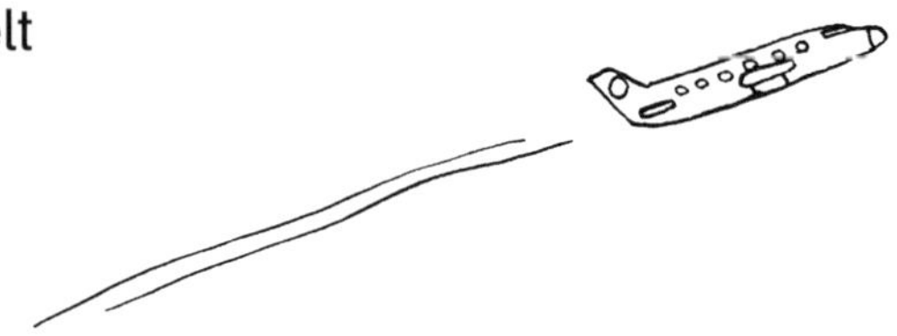

Dann kehrte Happy Eagle nach
San Francisco zurück.

**Was wollte Happy Eagle
(Glücklicher Adler)
mit seiner Aktion bewirken?**

**Schreibt eure Gedanken auf.
Besprecht sie in der Gruppe.**

Ganienkeh – Land des Feuers

11

Im Mai 1974 besetzten 400 Indianer, die meisten von ihnen Mohawk, das Gebiet Moss Lake im Staate New York, das ihnen 1794 in einem Vertrag versprochen worden war. Sie nannten ihr Land „Ganienkeh“ und wollten dort nach ihren eigenen Gesetzen und Regeln leben.

Nach jahrelangen Verhandlungen mit dem Staate New York gründeten sie den „Turtle Island Trust“ und zogen in ein anderes Gebiet um, nach Miner Lake im Clinton County.

Bis heute hat dort niemand, auch kein weißer Polizist oder Beamter der Regierung, ungefragt Zutritt. Die Indianer von Ganienkeh haben ihr eigenes Militär, nehmen keine finanzielle Hilfe der Regierung an, zahlen aber auch keine Steuern. Sie wollen ein Vorbild für die vielen Indianer sein, die ohne Hoffnung in den Reservaten lebten.

Die Indianer von Ganienkeh versorgen sich nahezu selbst mit Ackerbau und Viehzucht. Sie verkaufen Ahornsirup, Honig und indianische Handarbeiten. Mit dem Geld kaufen sie die Sachen, die sie nicht selbst herstellen können. Sie sagen: „Wir wollen mit der Erde in Harmonie leben.“ Deshalb lehnen sie Kunstdünger und Landmaschinen ab.

In Ganienkeh gibt es eine Schule, ein Gemeinschaftshaus, ein kleines Sägewerk, eine Kfz-Werkstatt, eine Tankstelle und sogar ein Kasino.

Blackfoot-Indianer damals

Blackfoot spricht man „bläkfutt“ und es heißt auf deutsch „Schwarzfuß“. Die Blackfoot verdanken ihren Namen der Asche der verbrannten Prärie, die ihre Fußsohlen schwarz färbte.

Zum Stamm der Blackfoot gehören die Siksika, die Blood (sprich: bladd) und die Piegan. Ihre Sprache gehört zu den Algonkinsprachen. Sie lebten ursprünglich im östlichen Kanada und zogen dann in ein Gebiet der Rocky Mountains an der Grenze zu den heutigen USA.

Sie lebten als Nomaden in Tipi-Zelten, die sie abbauten und an anderen Stellen wieder aufschlugen, wenn die Nahrung knapp wurde.

Im Sommer lebte der gesamte Stamm in einem großen Lager zusammen, aber im Winter teilte er sich in kleinere Gruppen auf, die einzeln weiterzogen. Als typische Prärie-Indianer lebten sie vom Jagen und Sammeln, vor allem von der Büffeljagd. Ab dem 18. Jahrhundert setzten sie auch Pferde zur Jagd ein. Sie waren seitdem als hervorragende Reiter bekannt.

In der zweiten Hälfte des 19. Jahrhunderts kam es zum Krieg zwischen den Blackfoot und den weißen Siedlern. Die drei Stämme wurden stark zurückgedrängt. Viele Blackfoot wurden auch Opfer von Hungersnot und Pocken-Epidemien. Schließlich mussten sie sich den weißen Siedlern ergeben. Ihnen wurden begrenzte Gebiete (Reservate) zum Wohnen und Leben zugewiesen und nur wenige Rechte anerkannt.

Blackfoot-Indianer heute

Heute leben die Blackfoot-Indianer wie die meisten anderen Indianerstämme in Reservaten, die ihnen der Staat zugewiesen hat. Drei Blackfoot-Reservate befinden sich in Alberta (Kanada), eines in Montana (USA). Seit 1924 besitzen sie in den USA das allgemeine Staatsbürgerrecht, in Kanada seit 1960 das Wahlrecht.

Sie leben immer noch nach ihren traditionellen Werten und Glaubensgrundsätzen. Sie haben sich aber teilweise der abendländischen Zivilisation angepasst und nutzen auch moderne Technologien. Sie haben zum Beispiel eine eigene Internet-Homepage.

Viele Indianer sind aber sehr arm. Sie leben in einfachsten Häusern oder Wohnwagen und müssen auf Strom und fließendes Wasser verzichten. Sie haben dann oft keine Heizung, kein Telefon, keinen Kühlschrank, keinen elektrischen Herd und auch keinen Fernseher.

Die Regierungen von Kanada und den USA haben ihnen Land zugewiesen, auf dem sie nicht als Prärie-Indianer leben können. Weil das Land teilweise unfruchtbar ist, können sie auch keine Landwirtschaft betreiben. Verträge, die ihnen Staatsgelder zusichern sollten, wurden nicht eingehalten.

Mittlerweile haben einige Blackfoot das Kunsthandwerk als Einnahmequelle entdeckt, aber die Zahl der Arbeitslosen ist in den Reservaten immer noch sehr hoch. Auch außerhalb der Reservate finden sie nicht leicht Arbeit, da viele Indianer ohne Schulabschluss von der Schule gehen und nur wenige studieren.

Die Indianer lebten in Großfamilien, die „Clans“ genannt wurden. Jeder Clan hatte ein besonderes Zeichen, meistens ein Tier. Im Clan wohnten die Großeltern, ihre Töchter und deren Männer und die Enkelkinder zusammen. Die Großmutter war die Clanmutter. Sie hatte am meisten zu sagen und bei jeder wichtigen Entscheidung folgte man ihrem Rat.

Wenn ein Mann heiraten wollte, musste sich seine Clanmutter mit der Clanmutter der Frau einigen.

Manchmal vermittelten Clanmütter aus benachbarten Stämmen Ehen, um einen Krieg zu vermeiden, einen Streit beizulegen oder besser zusammenzuarbeiten.

Der Mann zog meistens in den Clan seiner Frau. Außer dem Brautgeschenk, seinen Jagd- und Kriegswerkzeugen und seinen Kleidern durfte er nichts mitnehmen. Der ganze Besitz, die Felder und die Ernte gehörten den Frauen des Clans.

So war es bei den meisten Stämmen.

Sprich mit deiner Mutter und deinen Großeltern:
Wie war es bei ihnen und ihren Eltern mit dem Heiraten?

Indianerfrauen

**Wir gingen drei Meter
hinter den Männern,
doch wir taten dies,
um ihnen sagen zu können,
wohin sie gehen sollten.**

Bea Medicine, Sioux

In den meisten Indianergeschichten und Filmen über den „Wilden Westen" kommen Frauen kaum vor. Auch in Ursula Wölfels Geschichte „Fliegender Stern" haben Frauen und Mädchen nicht viel zu sagen.

Die Wirklichkeit war anders: „Die Frauen sind die Gefäße, aus denen das Leben kommt", sagen die Indianer.
Die meisten Indianerfrauen waren in erster Linie Mütter und Ehefrauen. Doch waren sie dabei sehr geachtet. In den meisten Indianerstämmen hatten die Frauen viel Macht. Ihnen gehörte zum Beispiel der ganze Besitz.

Bei den meisten Stämmen wurden Mann und Frau als gleichwertige Partner gesehen. Frauen und Männer hatten aber nicht dieselben Aufgaben, sondern es herrschte eine strenge Aufgabenteilung:

Zu den Aufgaben eines Mannes zählte die Jagd, die Verteidigung und die Geländeerkundung.

Die Frau dagegen war dafür zuständig, sich um die Kinder zu kümmern, den Stamm zu versorgen, Früchte zu sammeln, erlegte Tiere zu verarbeiten und das Zelt aufzubauen.

In einigen Stämmen überließen die Männer die wichtigsten Entscheidungen den Frauen. Bei den Irokesen wählten sie sogar die Häuptlinge. Die Frauen entschieden allein über Leben und Tod von Kriegsgefangenen. Wen eine Clanmutter für den Tod bestimmt hatte, den konnte niemand mehr retten.

Sprecht miteinander über die Rolle der Mädchen:
- Was machen sie? Was machen sie nicht?
- Was dürfen nur sie tun? Was dürfen sie nicht tun?
- Was träumen sie und wovon träumen wohl die Jungen?
- Wie war es früher und wie ist es heute?
- Wie ist es bei den Indianern, wie bei uns und wie in anderen Ländern?

Schaut in Indianerbüchern und Indianergeschichten nach, was die Frauen und was die Männer machen.

Tragt die Ergebnisse eurer Untersuchungen der Klasse vor.

Indianerfrauen und Krieg

Die Mohawkfrau Shirley Hill Witt erzählt eine Geschichte:

Vor langer Zeit zogen die Männer einmal ständig in den Krieg. Sie rannten hierhin und dorthin und kämpften.

Schließlich sagten die Frauen:

„Wir haben genug davon. Die Männer handeln verantwortungslos gegenüber uns Frauen und den Kindern. Sie haben Wichtigeres zu tun, als sich davonzumachen und zu kämpfen. Wir haben lange Zeit kein Fleisch mehr gehabt. Wir müssen etwas unternehmen."

Als die Männer wieder einmal von einer Schlacht nach Hause kamen, sagten ihnen die Frauen:

„Wir haben Neuigkeiten für euch. Von jetzt an wird es für euch weder etwas zu essen geben noch einen Platz zum Schlafen. Wir werden nicht mit euch schlafen und es wird keine Babys mehr geben, nichts mehr – bis ihr den Frauen für alle Zeit das Recht gebt zu entscheiden, wann ihr in den Krieg zieht. Denn nach dem Krieg sind es die Frauen, die trauern."

So erkämpften sich die Mohawkfrauen das Recht, über den Krieg zu entscheiden.

Spielt die Geschichte nach.

Die Unterkünfte der Indianer

17

Schreibe die richtigen Namen für die Unterkünfte auf die Pfeile.

Das Stangenzelt der Prärie-Indianer heißt **Tipi**. Früher waren die Stangen mit Fellen, Baumrinden oder Matten bedeckt. Später wurden sie mit Tuch bespannt.

Die Algonkinstämme lebten in **Wigwams**. Sie bestanden aus mehreren in der Mitte zusammengebundenen Ästen, die auch mit Baumrinden oder Matten bedeckt waren.

Das **Pueblo** (spanisch für „Dorf") bauten die Pueblo-Indianer aus Lehmziegeln, die an der Luft trockneten. Durch Holzbalken wurden die Häuser stabiler.

Das Wohnhaus der Navaho-Indianer wird **Hogan** genannt. Der mit Erde bedeckte Kuppelbau hatte einen kleinen Vorraum. Im Hauptraum lebte die Großfamilie. Durch die Öffnung in der Decke konnte der Rauch des Feuers abziehen.

Die Irokesen bauten **Langhäuser** aus der Baumrinde der Ulme. Mehrere Familien einer Sippe lebten dort zusammen.

An den Ufern von Seen und Flüssen wurden **Pfahlhäuser** als Wohn- oder Vorratshäuser errichtet. So lebten z.B. die Seminolen in den Sümpfen von Florida.

Denkst du an Indianer, wenn du Kartoffeln isst?

Nein? Dabei verdanken wir sie ihnen. Erst nachdem die Weißen Amerika entdeckt hatten, kam die Kartoffel nach Europa.

Wie mit der Kartoffel, so ist es auch mit vielen anderen Kulturpflanzen: Lange bevor wir Weißen sie kennenlernten, standen sie schon auf der Speisekarte der Indianer.

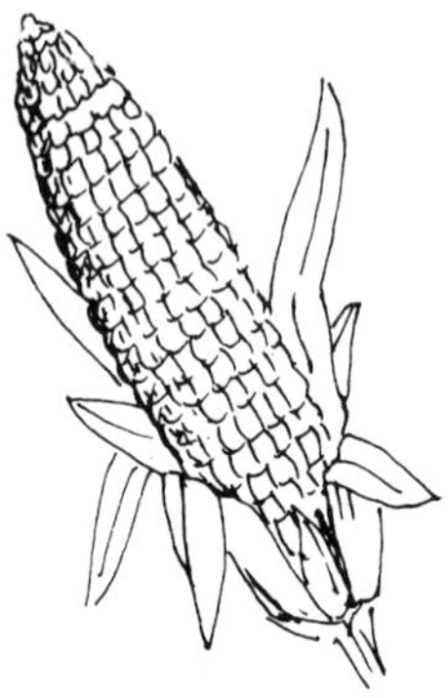
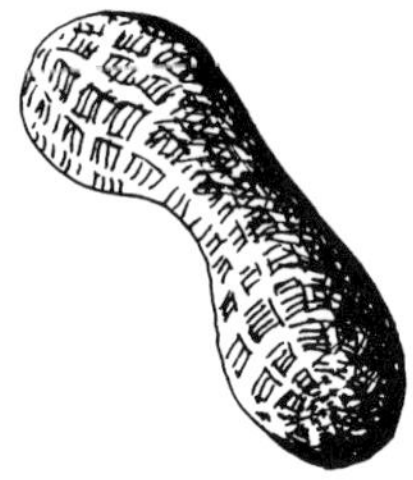

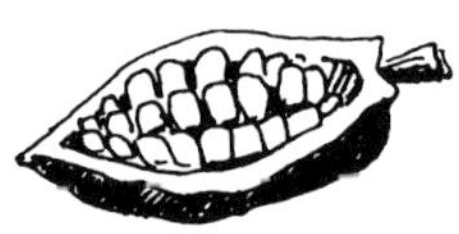

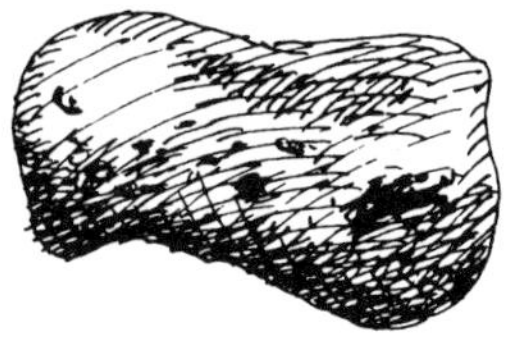

Mais
Die Indianer bauten ihn schon vor 5500 Jahren in Mexiko an.

Kartoffeln
Die Eroberer brachten sie erst vor 350 Jahren von Peru nach Europa.

Gartenbohnen
Es gab sie in Amerika schon 5000 v. Chr.

Tomaten
Sie kommen auch aus Mexiko.

Sonnenblumen
Die Europäer sahen sie zum ersten Mal vor fast 400 Jahren in Kentucky.

Paprika
Die Indianer kannten dieses Gewürz schon mehr als 3000 Jahre, bevor die Europäer es entdeckten.

Erdnüsse
Sie wurden auf der Insel San Domingo entdeckt. Ihr Ursprung liegt aber in Ost-Bolivien.

Kakao
Er kommt aus Zentralamerika. Wir verdanken die Schokolade wohl den Indianern.

Baumwolle
Sie wächst in Peru schon seit 5500 Jahren.

Die Indianer haben übrigens auch viele Gebrauchsgegenstände erfunden, die heute bei uns selbstverständlich sind, z.B. Schlitten, Tabakspfeife, Dampftopf, Gummiball, Anorak, Hängematte ...

Die Bedeutung des Büffels

19

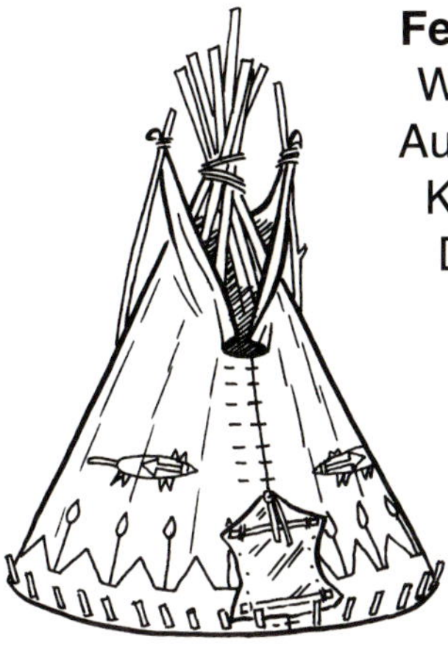

Fell, Leder
Wohnung
Ausrüstung
Kleidung
Decken

Fett
Nahrung
Vorrat
Körperpflege
Kleiderpflege

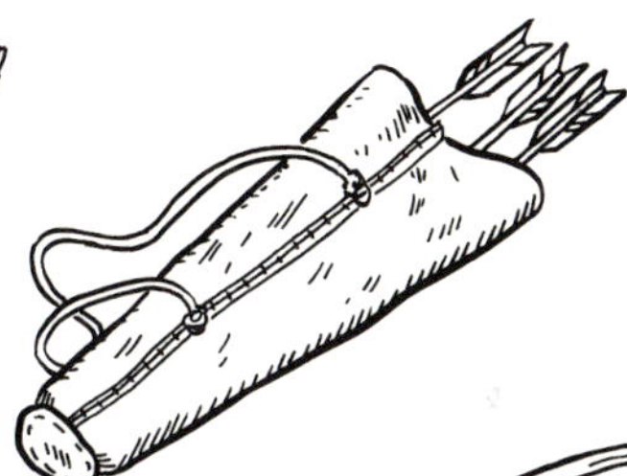

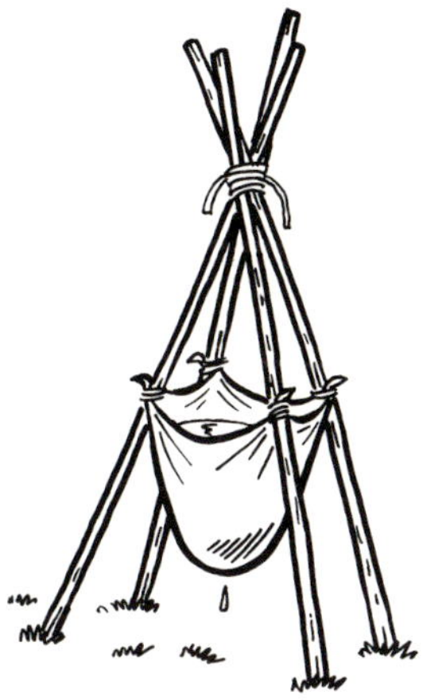

Blase, Darm
Gefäße

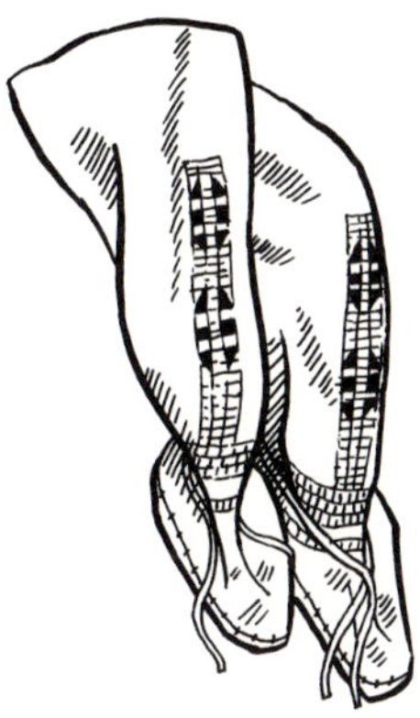

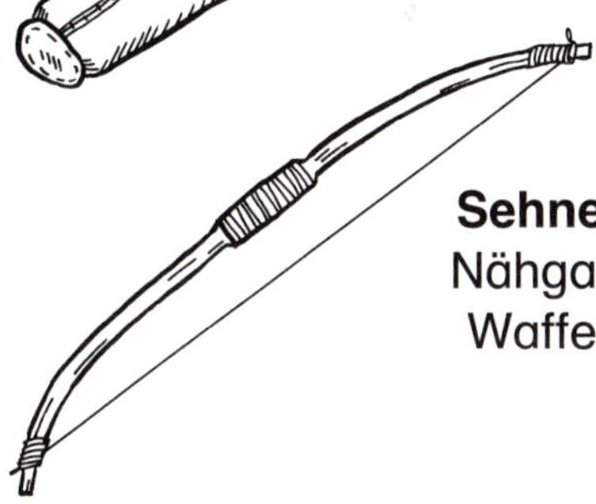

Sehnen
Nähgarn
Waffen

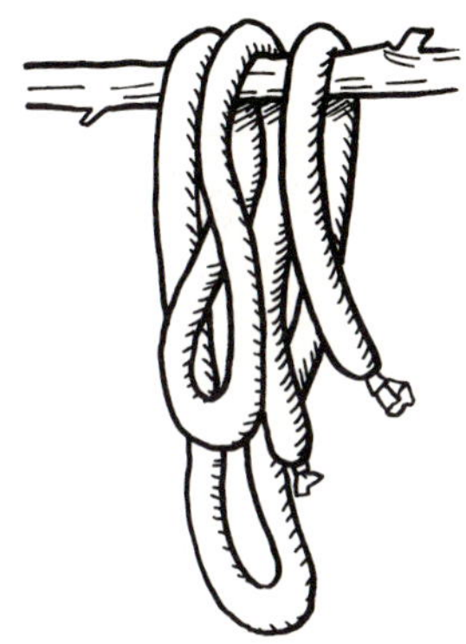

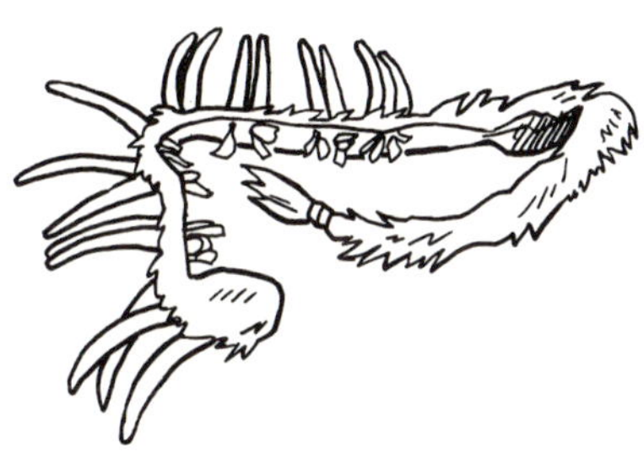

Knochen
Nadeln
Geräte
Spielzeug

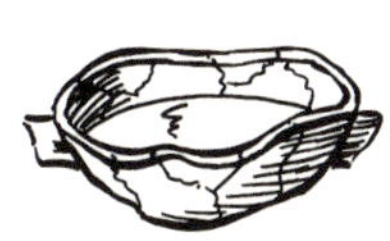

Schwanz, Kopf, Hörner, Zähne
Schmuck
Masken

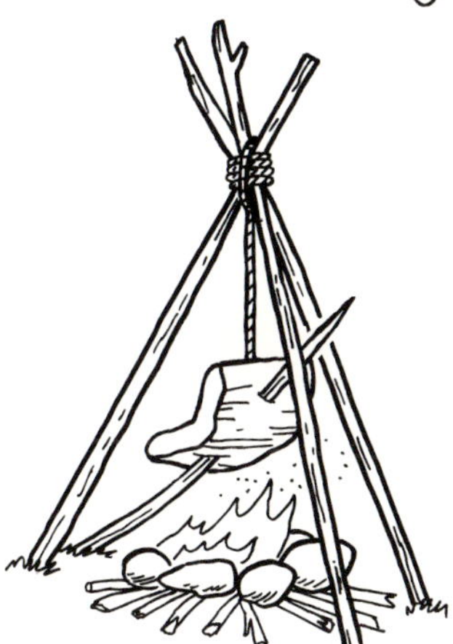

Fleisch, Blut
Nahrung

Jeder Stamm hatte seine eigene Kopfbedeckung. Die herrliche Kriegshaube, die du auf dem Bild siehst, wurde von den Sioux getragen. Sie besteht aus den Federn des Königsadlers.

Die Irokesen trugen nur einen einfachen Stoffturban und die Apachen banden sich ein Band um die Stirn.

Am bekanntesten war der Federkopfschmuck der Dakota, der später auch von anderen Stämmen getragen wurde. Jede Feder hatte darin eine bestimmte Bedeutung.

Die Zeichnungen zeigen dir einige Beispiele:

wurde mehrere Male verwundet

hat als Erster den Feind entdeckt

wurde während der Schlacht verwundet

hat einen Feind mit seinen Fäusten getötet

hat den Feind berührt

hatte als Vierter Berührung mit dem Feind

Sammle Enten-, Tauben- und Gänsefedern.
Daraus kannst du dir deinen eigenen Federschmuck machen.

Perlenweberei – 1. Teil

Bei den Indianern ist das Sticken und Weben mit Perlen sehr beliebt.
Die spanischen Eroberer hatten die Glasperlen nach Südamerika gebracht.
Sie waren selten und sehr wertvoll.
Heute kannst du in jedem Bastelgeschäft schöne Glasperlen bekommen.

Die folgende Anleitung zeigt, wie du ein Perlenarmband weben kannst.

Du brauchst dazu:

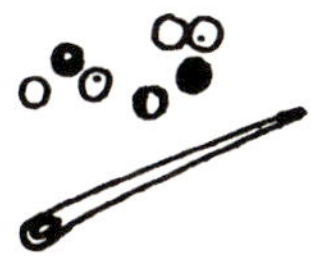

- bunte Perlen (eine Größe)
- eine Schere
- Zwirn
- eine möglichst lange, dünne Nähnadel, die leicht durch die Perlenlöcher passt
- einen Schuhkarton als Webrahmen

① Zuerst schneidest du alle 2 mm etwa 5 mm tief in den Karton. Du musst so viele Schnitte machen, wie dein Armband breit werden soll.

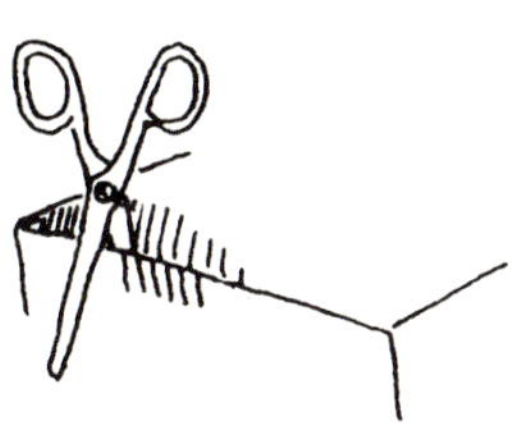

② Jetzt verknotest du das Ende deines Fadens und klemmst ihn in die erste Kerbe.

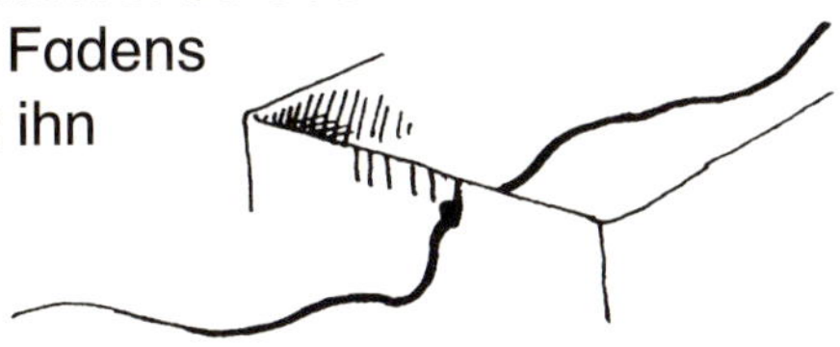

③ Dann wickelst du den Faden um den Karton, sodass er wie eine Saite quer über die Öffnung gespannt ist.

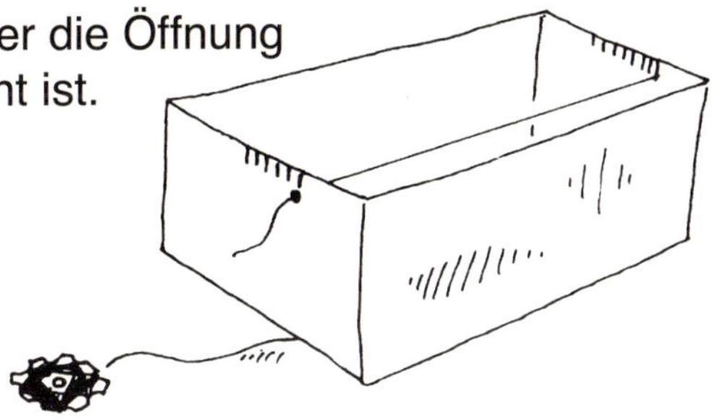

④ Das wiederholst du, bis in jeder Kerbe ein Faden eingeklemmt ist. Die Fäden dürfen sich nicht kreuzen und müssen leicht gespannt sein.

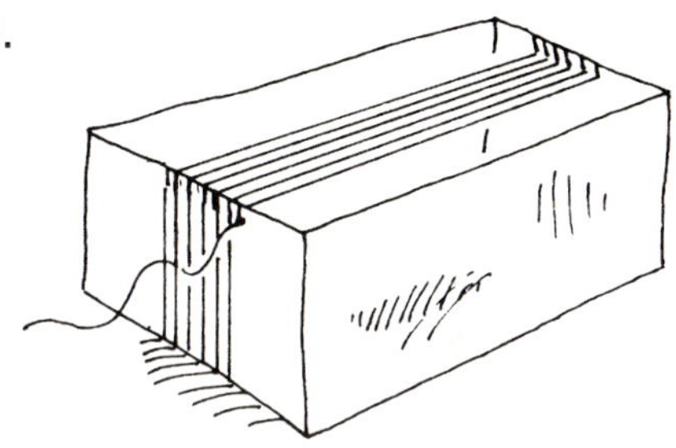

Jetzt sieht dein Schuhkarton wie ein Musikinstrument aus.
Die Fäden, die wie Saiten über die Öffnung gespannt sind, nennt man „Kettfäden“.
Damit aus deiner „Kette“ ein Armband wird, musst du die Kettfäden mit einem „Schussfaden“ verweben.
Das geht so:

⑤ Schneide einen langen Faden ab, ungefähr so lang wie dein Arm, und fädele ihn durch das Nadelöhr. Jetzt musst du die Nadel so zwischen die Kettfäden stecken, dass jeder zweite Faden oben auf der Nadel liegt.

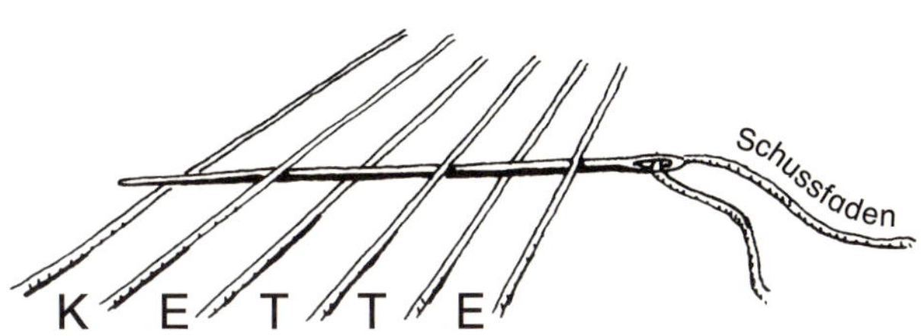

⑥ Jetzt die Nadel und den Faden soweit durchziehen, dass am Ende noch mindestens eine Fingerlänge hängen bleibt. Die brauchst du später zum Verknoten.

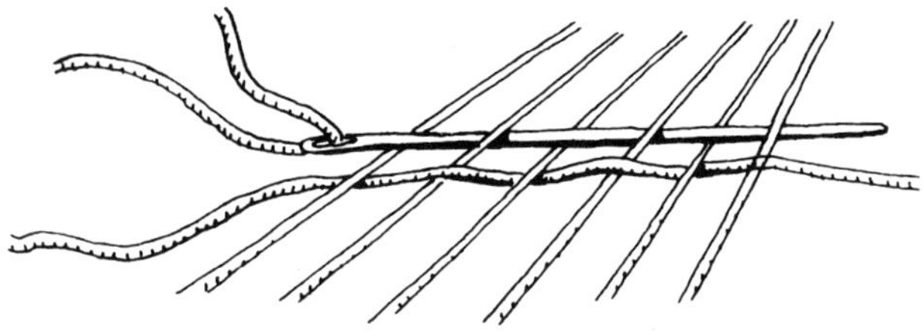

Nun wird die Nadel von der anderen Seite zwischen die Kettfäden gesteckt. Die Fäden, die beim ersten Mal oben waren, müssen jetzt unter der Nadel sein.

⑦ Faden durchziehen und so spannen, dass er fest sitzt, aber die Kettfäden nicht zusammengezogen werden. Die Schussfäden müssen immer eng zusammengeschoben werden.

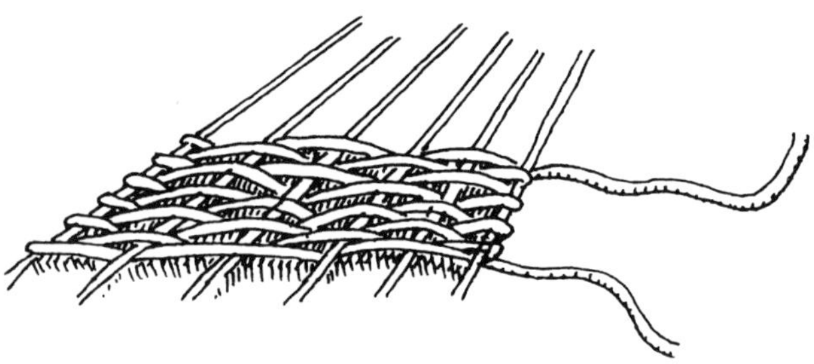

⑧ Du fädelst nun so viele Perlen auf die Nadel, wie Zwischenräume zwischen den Kettfäden sind, also: 4 Kettfäden = 3 Perlen, 5 Kettfäden = 4 Perlen usw.
Dann ziehst du den Faden durch und legst die Perlen auf die Kette in die Zwischenräume. Der Schussfaden liegt auf den Kettfäden. Deshalb können die Perlen nicht durchfallen.

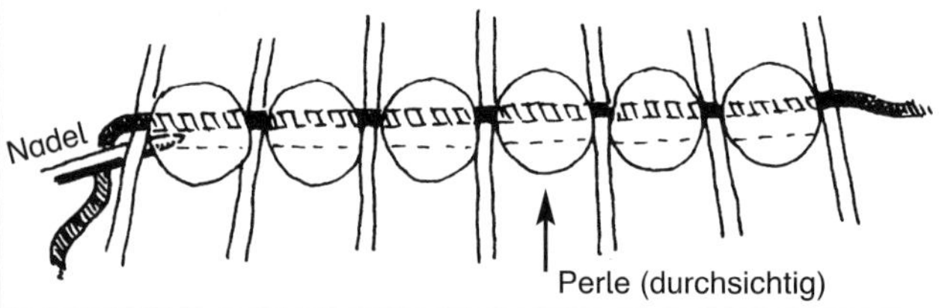

⑨ Jetzt stichst du, wie im Bild, wieder durch die Perlen, aber so, dass der 2. Schussfaden unter den Kettfäden entlang läuft. Jetzt sitzen die Perlen fest!

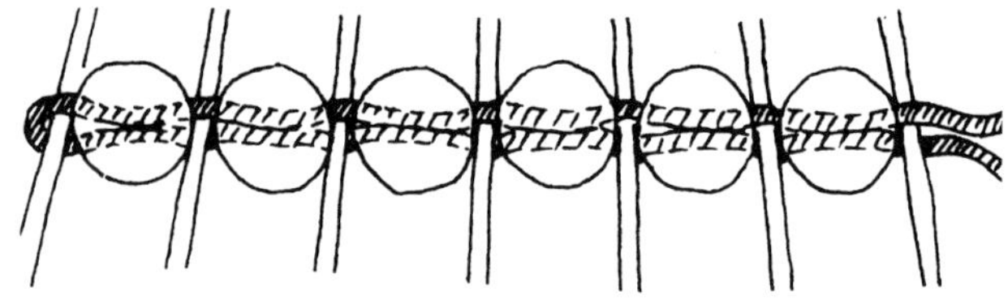

⑩ So webst du Reihe für Reihe. Wenn der Schussfaden zu Ende ist, nimmst du einfach einen neuen. Die Enden vernähst du am Schluss, indem du sie ohne Perle durch die Kette webst.
Wenn das Armband lang genug ist, webst du ein paar Reihen ohne Perlen wie zu Anfang. Dann verwebst du alle Fäden.

⑪ Jetzt schneidest du alle Kettfäden auf der Unterseite des Kartons in der Mitte durch und verknotest jeweils die beiden benachbarten Kettfäden miteinander. Jetzt können die Schussfäden nicht mehr auf der Kette verrutschen.

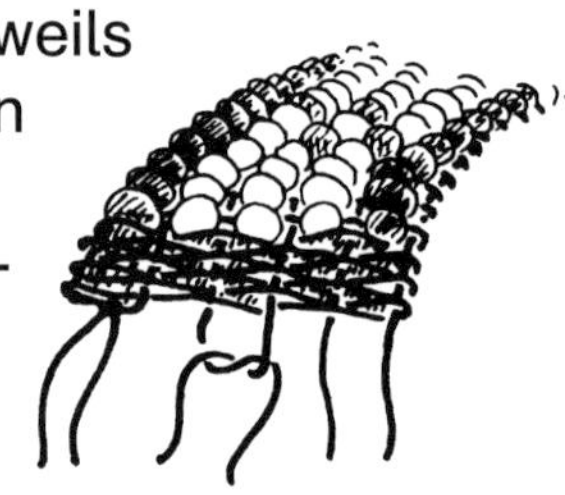

⑫ Die Kettfäden müssen noch zu einem Band zusammengefasst werden. Du kannst sie flechten wie einen Zopf oder einfach mit einem Knoten zusammenbinden. Vielleicht fällt dir auch ein schönerer Verschluss für dein Armband ein mit einer großen Perle oder einem schönen Knopf oder ...

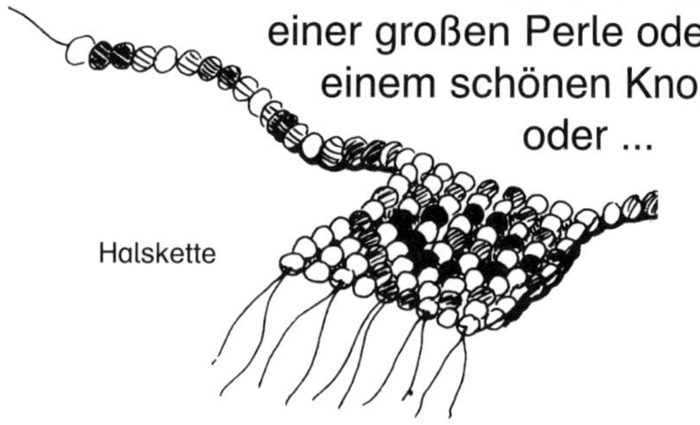

Mokassins – 1. Teil

Mokassins sind die Schuhe der Indianer. Die Anleitung zeigt dir, wie du ein Paar selbst machen kannst. Das ist nicht ganz einfach. Aber wenn du die Umhängetasche L3 gemacht hast, wirst du das sicher auch schaffen.

Du brauchst dazu:

- ein Lederstück (je nach Schuhgröße ungefähr 20 x 40 cm groß)
- eine kräftige Schere
- eine Lochzange
- ein Stück Pappe zum Unterlegen
- schmale Lederriemen zum Nähen

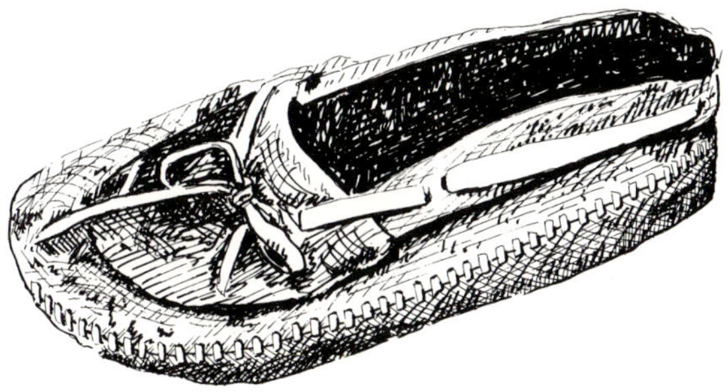

① Falte dein Lederstück in der Mitte und stelle einen Fuß auf die Faltkante, wie du es im Bild siehst. Zeichne eine Linie von deinem großen Zeh aus im Abstand von 2 bis 2,5 cm um deinen Fuß herum. Von der Stelle mit dem Pfeil aus geht es parallel zur Falzkante weiter.

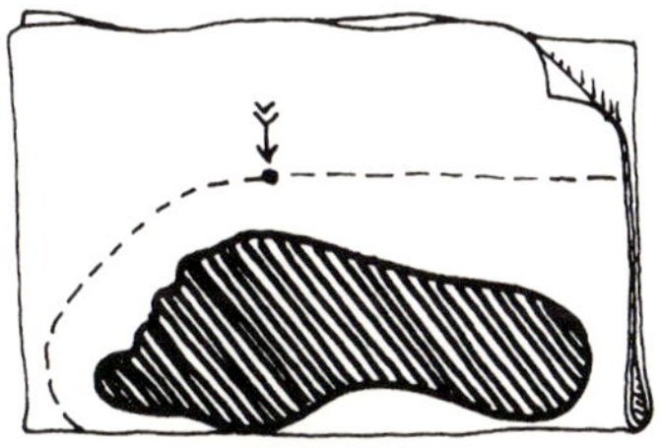

② Schneide das doppelte Leder entlang der Linie aus und knipse mit der Lochzange in gleichmäßigen Abständen kleine Löcher in die Schnittkante.
Damit die Kanten übereinander bleiben, kannst du sie mit Büroklammern zusammenhalten.

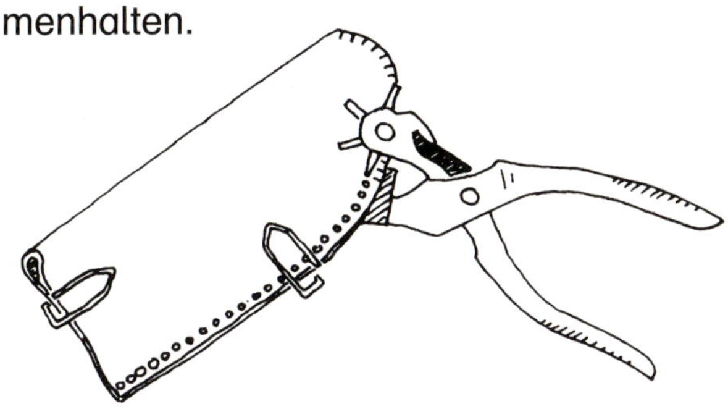

Jetzt wird der Lappen zusammengenäht. Das geht wie bei der Tasche L3.

③ Jetzt wird es spannend! Schneide den oberen Lederlappen ein wie auf dem Bild.

Wenn du ein Stück geschnitten hast, schlüpfe mit deinem Fuß in den Mokassin. Der Schnitt ist tief genug, wenn du mit deinen Zehen gerade vorne anstößt. Nicht weiter!
Erst jetzt wird der zweite Schnitt gemacht, 1,5 cm nach links und 1,5 cm nach rechts. Die Schnitte müssen wie ein T aussehen.

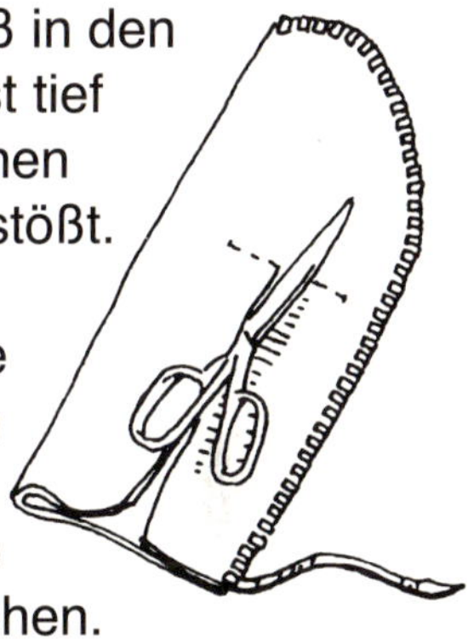

④ Jetzt brauchst du einen Helfer! Stecke den Fuß noch einmal in den Schuh. Dein Helfer fasst das überflüssige Leder hinter der Ferse zusammen und zeichnet die Fersennaht an. Das müsst ihr möglichst genau machen. Sonst ist der Schuh hinterher zu groß oder zu klein.

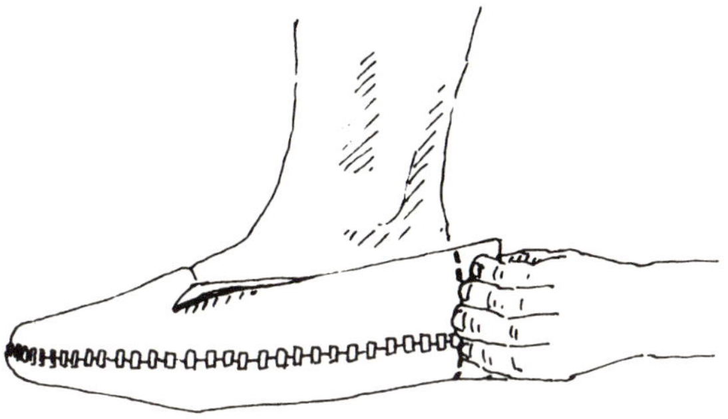

⑤ Du schneidest das überflüssige Leder knapp vor der angezeichneten Naht ab. Dann schneidest du den Fersenlappen wie auf dem Bild zu sehen. Anschließend lochst du die Schnittkanten. Der Fersenlappen braucht nur zwei Löcher in der Mitte.

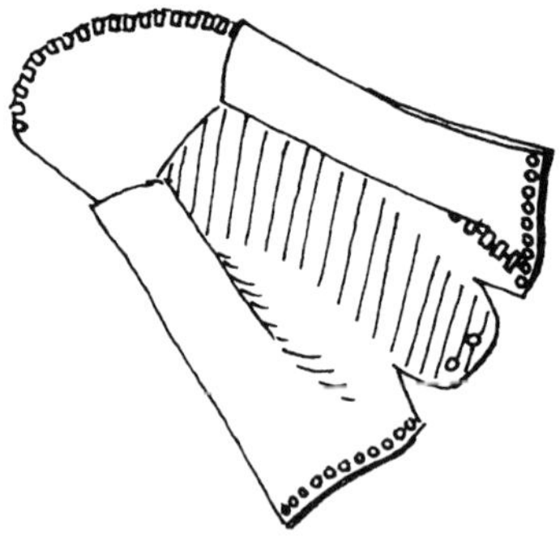

⑥ Jetzt wird die Fersennaht zusammengenäht. Der Fersenlappen kommt nach innen und wird mit einem Stich mit festgenäht.

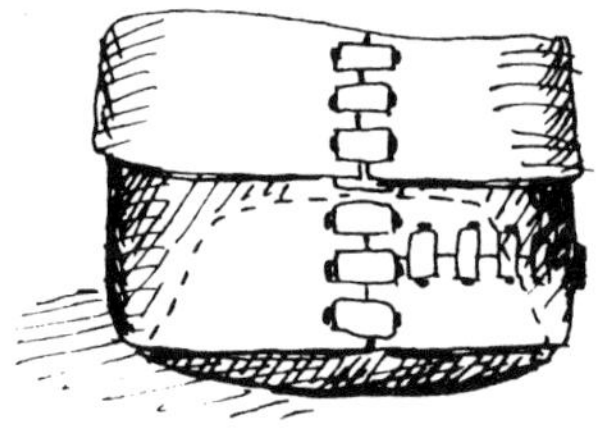

⑦ Schneide aus einem Lederrest ein Stück Leder wie auf dem Bild. Die gerade Kante muss 6 cm lang sein. Damit wird der T-Schnitt verstärkt. Loche die gerade Seite des Lederstücks und die Schnittkante des Schuhes.

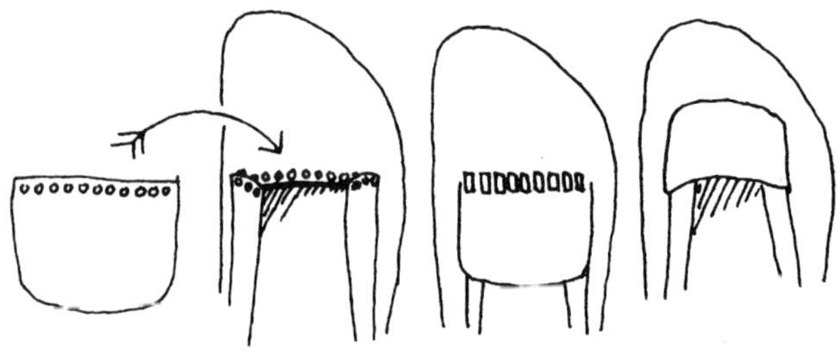

Beide Stücke werden zusammengenäht, wie du es auf dem Bild siehst. Jetzt den Lappen nach vorne umschlagen und fertig ist der Schuh.

⑧ Zur Verzierung und besseren Befestigung kannst du den Lappen vorne und die Seitenteile deines Mokassins mit einem breiten Lederband festnähen. Dazu musst du größere Löcher knipsen und das Band einfach durchziehen.

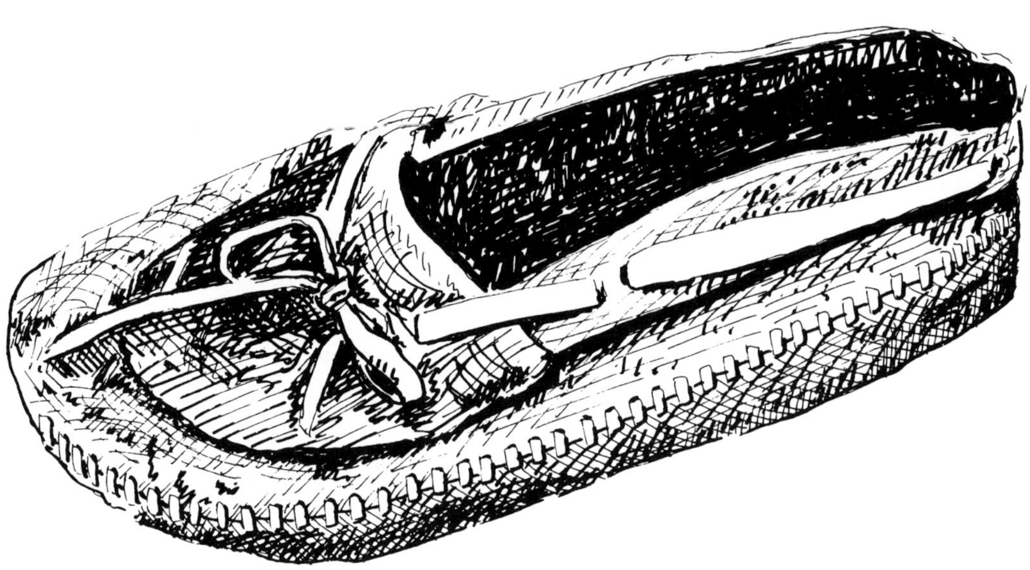

... und jetzt kommt der andere Mokassin dran!

Indianerspiel: Puluc

23

Topftreffen kennst du schon.
Ein anderes altes Indianerspiel ist Puluc.
Probiere es mit einem anderen Kind aus.

Ursprünglich wurde Puluc mit Maiskolben und Holzstäben im Sand gespielt.
Als **Würfel** dienten 4 Maiskörner, die auf einer Seite angeschwärzt waren. Statt der Maiskörner könnt ihr aber auch Schraubenmuttern, Steine, Mandeln oder Ähnliches nehmen. Ihr müsst sie auf einer Seite anmalen.
Außer den vier Steinen als Würfel braucht ihr noch **Spielsteine** – für jeden Spieler fünf gleiche.
Auf dem Bild rechts seht ihr, welchen Wert jeder einzelne Wurf hat.
Das **Spielfeld** hat neun Felder und an jedem Ende ein Häuschen. Ihr könnt es mit Kreide auf den Schulhof oder auf Pappe malen.
Wenn ihr alles habt, kann es losgehen.

Regeln

Die Spielregeln sind nicht genau überliefert. Ihr müsst eure eigenen erfinden.
Das Ziel ist es jedenfalls, dem Gegner möglichst viele Steine wegzunehmen.
Und das geht z. B. so:

Man würfelt und setzt nach der Zahl der gewürfelten Punkte einen Stein.
Ist ein Stein im gegnerischen Häuschen angekommen, schläft er dort ein.
Der Gegner schickt aber auch seine Spielsteine auf das Feld. Wenn er nun mit seiner Würfelzahl genau das Feld erreicht, auf dem schon ein Stein seines Mitspielers sitzt, dann nimmt er ihn gefangen, d.h. er setzt sich auf ihn. Schafft er es, mit seinem Gefangenen in das gegnerische Häuschen zu hüpfen, scheidet der gefangene Spielstein aus. Der eigene Stein darf von vorne anfangen. Gewonnen hat derjenige, der alle Steine des Gegners gefangen hat.
Man kann auch mehrere Steine gleichzeitig auf dem Spielfeld stehen haben. Dadurch hat man eine größere Chance, einen gegnerischen Spielstein zu fangen – der andere aber auch. Wenn mehrere Steine übereinander liegen, darf immer derjenige ziehen, der seinen Stein oben liegen hat.
Aber wie gesagt: Ihr könnt eure eigenen Spielregeln vereinbaren. Ihr müsst euch nur daran halten.
Viel Spaß!

Wie das Feuer auf die Erde kam (Cherokee)

Am Anfang war die Welt kalt. Die Tiere und Vögel hatten ihre Pelze und Federn bitter nötig, um sich warm zu halten. Da schaute der Donnergott hinab auf die kalte, unfreundliche Erde, und er sah, dass es so nicht gut war.

Er schickte also einen Blitzstrahl hinab, der setzte eine Platane auf einer kleinen Insel in Brand. Der Stamm loderte wie eine Fackel, und alle Tiere sahen zu und freuten sich über die helle Wärme. Aber wie sollten sie das Feuer von der Insel zum Festland bringen? Sie hielten Rat. Ein jedes von ihnen wollte helfen.

Als Erstes sprach der Rabe: „Das beste wird sein, ich fliege hinüber zur Insel und bringe etwas von dem Feuer mit.“ Gesagt, getan. Er flog hin zu der Insel und versuchte, das Feuer zu holen, aber zurück kam er verbrannt, verängstigt und ohne Feuer. Seit diesem Tag ist der Rabe schwarz.

Als nächstes Tier versuchte es die kleine Eule. Sie kam wohlbehalten bis zu dem Baum, aber als sie in den brennenden, hohlen Stamm hinabschaute, schlug ihr die Flamme ins Gesicht und verbrannte ihr beinahe die Augen. Seither sind ihre Augen rot und blinzeln bei grellem Licht.

Die schwarze Schlange wollte besonders schlau sein. Sie schwamm zu der Insel, kroch vorsichtig durch das Gras und fand ein kleines Loch am Fuß des Stammes. Dort schlüpfte sie hinein und hoffte, sie werde ein wenig Glut davontragen können. Aber im Innern des brennenden Baumes war es schrecklich heiß. Die Schlange fürchtete zu ersticken. Rasch schnellte sie wieder zu dem kleinen Loch zurück und schlüpfte hinaus ins Freie.

Nachdem es auch der Schlange nicht gelungen war, das Feuer zu holen, waren die Tiere verzweifelt. Keines wagte sich in die Nähe des glühenden Baumes, und immer noch war die Welt kalt und unfreundlich.

Da meldete sich die kleine schwarz-rot-gestreifte Wasserspinne und bat, einen Versuch wagen zu dürfen. Sie webte eine kleine Schüssel und befestigte sie auf ihrem Rücken. Sie lief über das Wasser zur Insel, zog ein winzig kleines Stück glühender Holzkohle aus dem Baum und legte es in ihr Schälchen. Dann glitt sie eilig wieder über das Wasser zurück zum Festland und brachte den Tieren das Feuer.

Deshalb kann noch heute, wer sich die Wasserspinne anschaut, auf ihrem Rücken die Schüssel entdecken, in der sie die Wärme in eine kalte Welt trug.

Lest das Märchen. Überlegt euch, wie ihr es euren Klassenkameraden vorspielen könnt.

Oder ihr zeichnet einen Comic zu diesem Märchen.

Indianische Zeichen und Muster

Die Indianer verwendeten viele Zeichen und Muster
zur Verzierung ihrer Töpfe, Kleider und Waffen.
Dabei hatte jedes Zeichen eine bestimmte Bedeutung.

Male die Bilder ab und ordne jedem Bild die passende Bezeichnung zu.

So heißen die Zeichen und Muster:
Büffel – Regenwolke – Blitz – Tipi – Sonne – Mann – Frau – Berg – Krieger – Bärenspuren – Büffelspuren – Hirsch – Pferd

Indianische Zeichen: Donnervogel

Der Donnervogel wurde von allen Indianerstämmen verehrt.
Die Indianer glaubten, dass der Donnervogel ein Gott sei.
Wenn er mit seinen Flügeln schlug, donnerte es.
Wenn er die Augen auf und zu machte, blitzte es.
Auf seinem Rücken trug er einen See mit frischem Wasser.
Wenn er durch die Luft flog, floss das Wasser als Regen herunter.

Mit dem Donnervogel verzierte man Trommeln, Töpfe und Wände, um sich vor den bösen Geistern zu schützen.
Die unterschiedlichen Stämme haben den Donnervogel unterschiedlich dargestellt.

Du kannst dir ein Lesezeichen oder eine Postkarte mit einem eigenen Donnervogel verzieren.

Weitere schöne Muster findest du hier: 25

Indianerschrift 1 – Zeichen und ihre Bedeutung

Manche Indianerstämme kannten keine Buchstaben. Sie hatten aber Zeichen für Wörter.

	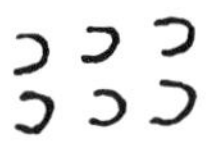

Indianerschrift 1 (Ausschneidebogen)

Schneide die Wörter aus und klebe sie zu den passenden Symbolen.

viel	Zelt
Wald	Lager
Sonne	Regen
Sonnenaufgang, Morgen	Lagerfeuer
Pferdespur	Küche
gehen, Spuren hinterlassen	Kanu
zerstörtes Lager	nichts tun
Nacht	Tanz um das Feuer
Baum	Kanu mit sechs Leuten
Mond	Sonnenuntergang, Abend
Büffel	Straße, Weg
Mittag	Fluss

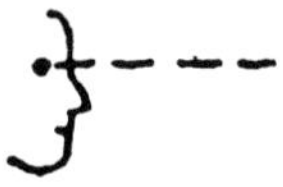	

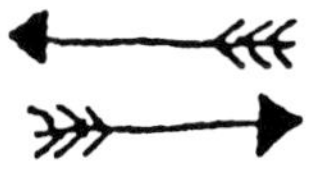	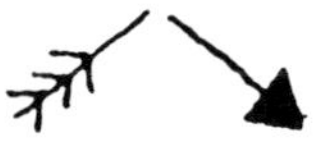

Indianerschrift 2 (Ausschneidebogen) 28

Schneide die Wörter aus und klebe sie zu den passenden Symbolen.

Indianer	Frieden
Weißer	reden
Frau (Indianerin)	sehen
Frau (Weiße)	Sonne im Herzen (froh sein)
weiser Mann (auch Medizinmann)	das Herz ist schwer (traurig sein)
Gespräch	Rat halten
essen	einer, der Macht hat
kämpfen, Krieg	alter Mann
Mann (Indianer)	tot (alles was tot ist, steht auf dem Kopf)
Mann (Weißer)	tretet näher, um zu reden
Freundschaft	Freundschaft
Weißer mit Gewehr	der große Geist

Geschichte in Indianerschrift – 1. Teil

Die folgenden Bilder und der Text stammen von dem Irokesen Tehanetorens.

Er hat sie für die Erziehung von Irokesenkindern entworfen. Sie sollten auf diese Weise ein wenig über die Geschichte ihres Landes und die Rolle der Weißen lernen.

Auch wir können uns durch die Geschichte zum Nachdenken anregen lassen.

Geschichte in Indianerschrift – 2. Teil

29

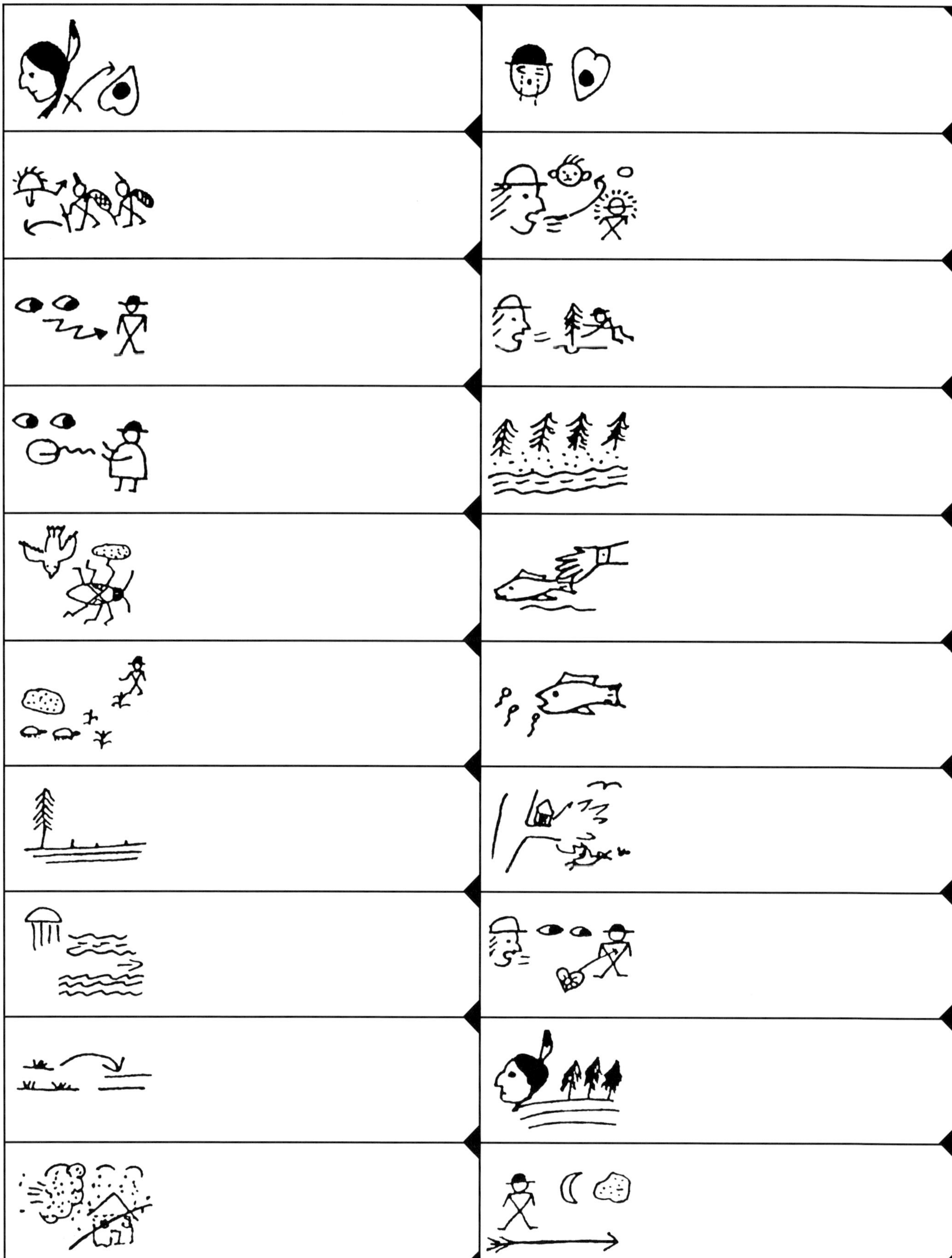

Geschichte in Indianerschrift (Ausschneidebogen)

Schneide die Textstücke aus und klebe sie zu den passenden Symbolen.

Dann kam aus der Richtung der aufgehenden Sonne der weiße Mann im Kanu mit Flügeln.		
Mit seiner Axt hackte er zu viel Bäume ab.	Weil es keine feste Grasdecke mehr gab, riss der Wind die Erde mit.	Sandstürme bedeckten die Häuser des weißen Mannes mit Staub.
Mit seinem Gewehr erschoss er Hirsche, Bären und andere Tiere.	Sie werden die Jungen der Moskitos und andere Insekten fressen.	bevor der weiße Mann kam,
Er fing zu viele Fische.	Er sagte: „Ich muss meine Kinder lehren, weiser zu sein, als ich es war.	Das Land wird gut und schön sein, so wie es war, als der Indianer dort lebte,
Er tötete zu viele Vögel.	Weil es keine Vögel mehr gab, die Insekten fraßen, nahm deren Zahl zu.	Ihre Wurzeln werden das Wasser und die Erde festhalten.
Er pflügte zu viel Land.	Es gab viele Wälder.	Ich werde Fische in die Flüsse tun.
Der Indianer wurde traurig.	Es gab viele Tiere.	Vor vielen Monden,
Er sagte: „Wir werden sehen, wo Habgier und Verschwendung enden."	Der weiße Mann wurde traurig. Sein Herz wurde schwer.	Ich werde Vogelhäuser in die Bäume hängen. Die Vögel werden die schädlichen Insekten fressen."
Der große Geist war ärgerlich über den weißen Mann.	Es gab viele Fische.	Er sagte: „Wenn ich das tue, wird Gott mit mir zufrieden sein.
Er zog nach Westen in Richtung der untergehenden Sonne.	Viele Jahre hat der Indianer hier gelebt.	Ich werde sie lehren, wie man Bäume pflanzt.
hatte der Indianer Sonne im Herzen.	schwemmten tosende Wasser das Land weg ins Meer.	bevor meine weißen Verwandten hierher kamen."
Viele Insekten kamen und fraßen die Saat der Weißen.	Es gab viele Vögel.	Weil es keine Wälder mehr gab, die den Boden festhielten,

Wie die Cherokee schreiben und sprechen

Als die Cherokee (sprich: tschiroki) von den christlichen Missionaren das Schreiben und Lesen der englischen Sprache lernten, kam einer von ihnen 1817 auf die Idee, eine eigene Silbenschrift zu entwickeln.

a	Ꭰ	e	□	i	Ꭲ	o	Ꭳ	u	Ꭴ	a̲	Ꭵ
ga	Ꭶ	ge	Ꭸ	gi	Ꭹ	go	Ꭺ	gu	Ꭻ	ga̲	Ꭼ
ha	Ꭽ	he	Ꭾ	hi	Ꭿ	ho	Ꮀ	hu	Ꮁ	ha̲	Ꮂ
la	Ꮃ	le	Ꮄ	li	Ꮅ	lo	Ꮆ	lu	Ꮇ	la̲	Ꮈ
ma	Ꮉ	me	Ꮊ	mi	Ꮋ	mo	Ꮌ	mu	Ꮍ	----------------	
na	Ꮎ	ne	Ꮑ	ni	Ꮒ	no	Ꮓ	nu	Ꮔ	na̲	Ꮕ
gwa	Ꮖ	gwe	Ꮗ	gwi	Ꮘ	gwo	Ꮙ	gwu	Ꮚ	gwa̲	Ꮛ
sa	Ꮜ	se	Ꮞ	si	Ꮟ	so	Ꮠ	su	Ꮡ	sa̲	Ꮢ
da	Ꮣ	de	Ꮥ	di	Ꮧ	do	Ꮩ	du	Ꮪ	da̲	Ꮫ
dla	Ꮬ	dle	Ꮮ	dli	Ꮯ	dlo	Ꮰ	dlu	Ꮱ	dla̲	Ꮲ
dza	Ꮳ	dze	Ꮴ	dzi	Ꮵ	dzo	Ꮶ	dzu	Ꮷ	dza̲	Ꮸ
wa	=	we	□	wi	Ꮻ	wo	Ꮼ	wu	Ꮽ	wa̲	Ꮾ
ya	Ꮿ	ye	Ᏸ	yi	Ᏹ	yo	Ᏺ	yu	Ᏻ	ya̲	Ᏼ
ta	Ꮤ	te	Ꮦ	ti	Ꮨ	s	Ꮝ	Das a klingt mehr wie in „Banane“, und a̲ wird gesprochen wie das a in „Verstand“.			
ka	Ꭷ	hna	Ꮏ	nah	Ꮐ	tla	Ꮭ				

Schreibe in Cherokee-Schrift.

o si yo *Hallo!*	do hi dzu *Wie geht's dir?*	o s da̲ *Gut.*	ni hi na *Und dir?*
o s da da̲ *Auch gut.*	ho wa *Okay.*	ga do de dza do a *Wie heißt du?*	_______ da wa do a *Ich heiße _______.*
ha dla̲ he ga *Wohin gehst du?*	ga do ha da̲ ne ha *Was machst du?*	_______ ge ga *Ich gehe _______*	_______ ga da̲ ne ha *Ich mache _______*
do na̲ da go ha̲ i *Auf Wiedersehen!*	sa gwu i *eins*	ta li *zwei*	dzo i *drei*

Ihr könnt euch auch auf Cherokee unterhalten.

Die Zahlen der Azteken

Die Azteken zählten und rechneten nicht wie wir im Zehnersystem, sondern in einem Zwanzigersystem.
Die Grundeinheiten hatten eigene Symbole:

1 ●	5 ●●●●●	10 ●●●●● ●●●●●		
Fahne	5	10	15	20
Feder	100	200	300	400 = 20 • 20
Bündel	2000	4000	6000	8000 = 20 • 400

Zum Beispiel:

80 Säcke 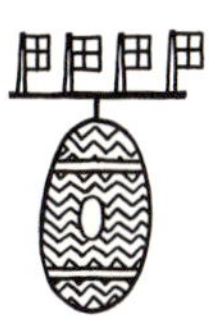 400 Krüge 

Entziffere diese Zahlen:

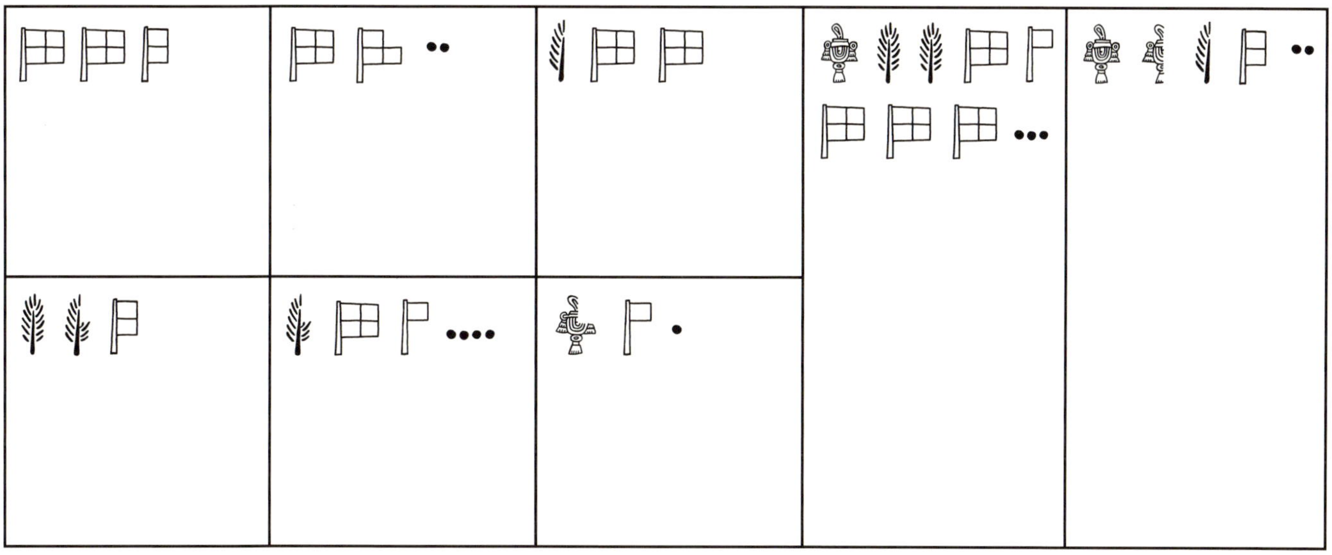

Schreibe dein Geburtsdatum mit den Zahlen der Azteken.
Schreibt euch gegenseitig Zahlen auf.
Ihr könnt euch so auch Rechenaufgaben stellen.

Indianeraufgaben zur Geometrie

Die Gebäude der Indianer ähneln geometrischen Körpern. Was sieht so aus? Verbinde.

- Kegel
- halbe Kugel
- halber Zylinder
- Pyramide
- Quader

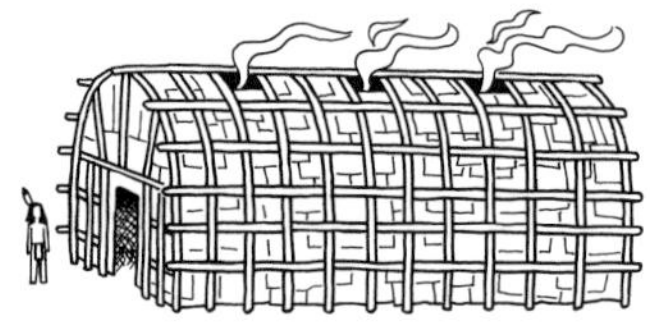

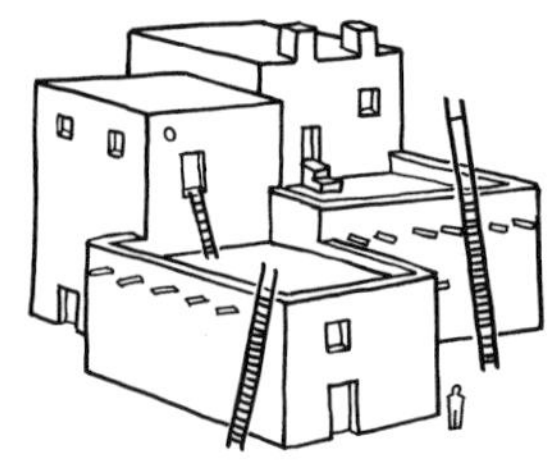

Bastel dir eine Grundrechen-Pyramide und zwei Zahlenwürfel. Wirf dir mit den drei Körpern Rechenaufgaben. Benutze bei der Division zweimal denselben Zahlenwürfel.

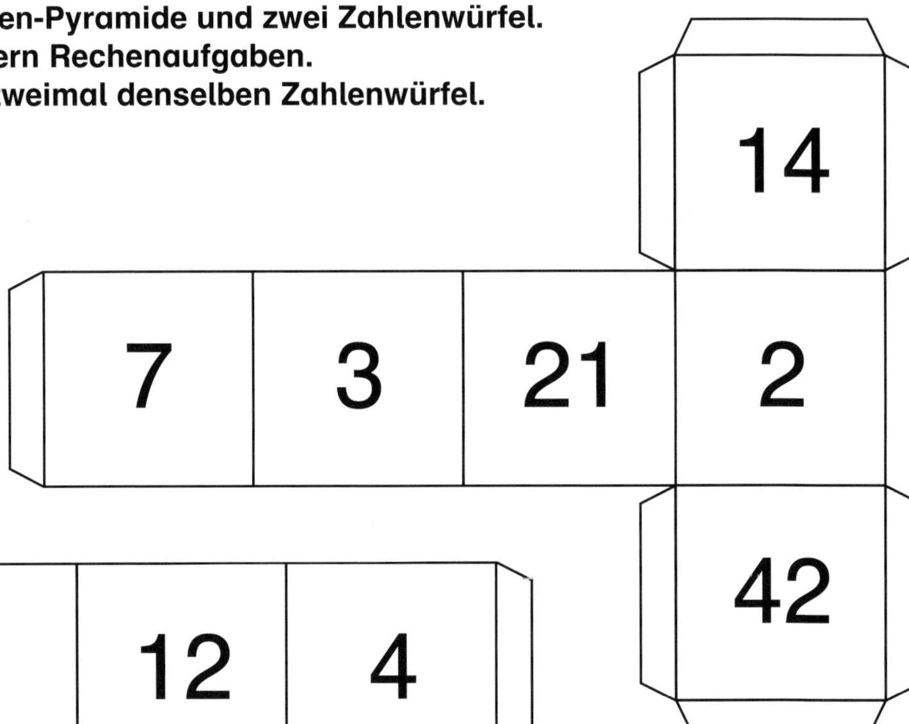

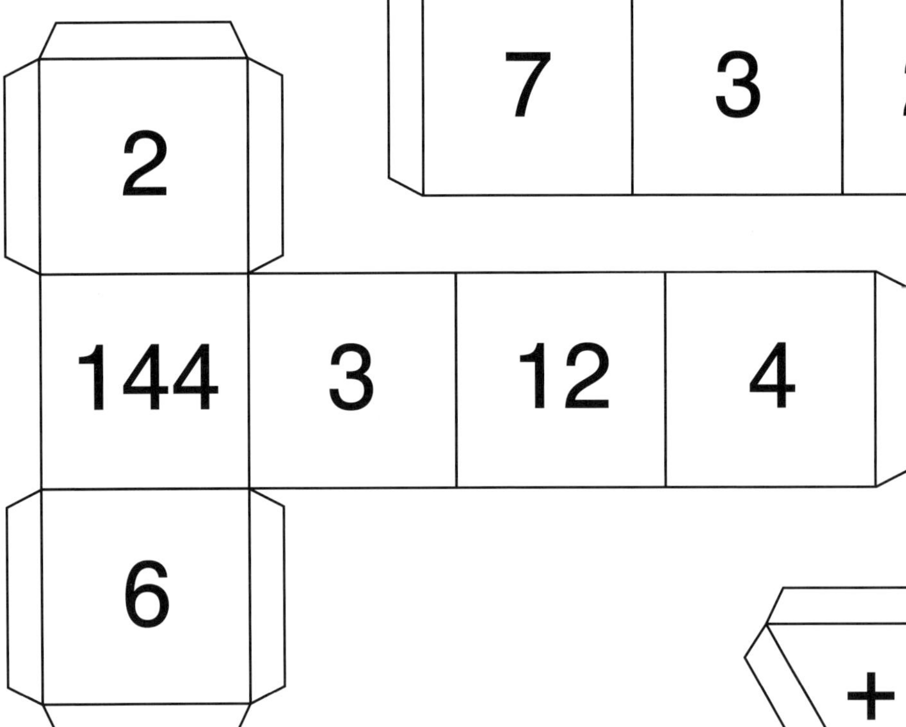

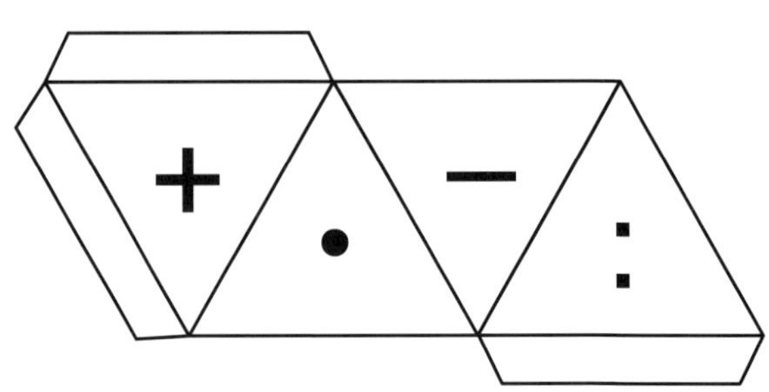

Flinke Feder und Lachender Lachs wollen angeln. Sie wollen für den ganzen Stamm genügend Fische fangen.

Die Mutter von Lachender Lachs sagt: „Gute Idee. Wenn ihr für jeden Mann zwei Fische gefangen habt und für jede Frau und jedes Kind einen, dann werden alle satt."

„Es sind 6 Männer, 8 Frauen und 18 Kinder. Wie viele Fische brauchen wir denn dann?", fragt Lachender Lachs.

„ ________ Stück", antwortet Flinke Feder, und los geht's.

Alle 5 Minuten beißt ein Fisch an. So geht es 2 Stunden lang. In der nächsten Stunde beißt nur noch alle 10 Minuten ein Fisch, dann noch jede Viertelstunde. Nach 5 Stunden steht die Sonne hoch am Himmel.

„Lass uns aufhören, jetzt fangen wir bestimmt nichts mehr", meint Flinke Feder.
„Haben wir denn schon genügend Fische?", fragt Lachender Lachs. Flinke Feder zählt schnell nach.

„Wir haben _______ Fische gefangen."

Lies genau und rechne.
Trage die Ergebnisse in die Lücken ein.

Wie viel Gewicht müssen die beiden nach Hause tragen, wenn jeder Fisch 250 g wiegt?

Schaffen sie das wohl?

Kennst du etwas, das ungefähr so schwer ist?

Spuren lesen

Die Indianer konnten sehr gut Spuren lesen.
Sie erkannten, wo ein Tier oder Mensch gelaufen war.
Die Spuren unten kann man auch in Europa in der Natur finden.
Kennst du sie?

Zu wem gehört welche Spur?

Verbinde.

Du kannst auch die Spur bis zu dem passenden Tier weitermalen.

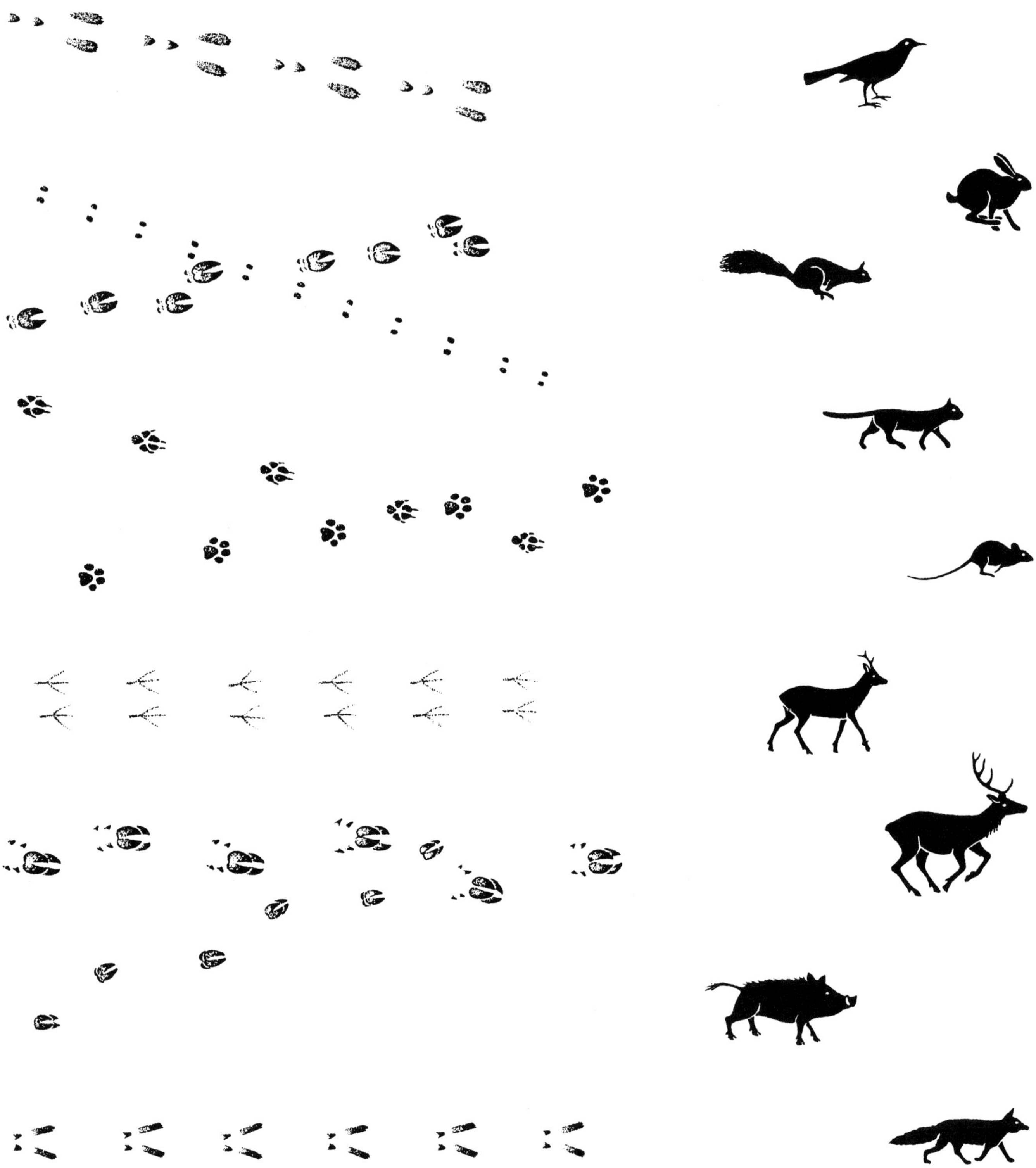

Kontrollkarte 1

L2 Wie heißt das 1. Kapitel? **Wo sind die Büffel?**

1. Zu welchem Indianerstamm gehörte Fliegender Stern? **Schwarzfuß** (Blackfoot)
2. Die Indianerkinder spielten gerne **Topftreffen**.
3. Aus Büffelhaut machten die Indianer **Schuhe**.
4. Welche Menschen wurden vor mehr als 100 Jahren getötet? **Indianer**
5. Wer tötete viele Indianerstämme? Der weiße **Mann**.
6. Die Schwarzfuß-Indianer wohnten in **Lederzelten**.
7. Die Heimat der Schwarzfuß-Indianer war **Nordamerika**.
8. Sie töteten die Tiere mit **Pfeilen**.
9. Wie heißt der Junge in der Geschichte? **Fliegender Stern**
10. Meistens aßen sie Fleisch vom **Büffel**.
11. Sie aßen Büffelfleisch und wilde **Rüben**.
12. Das Buch „Fliegender Stern" schrieb Ursula **Wölfel**.
13. Abends saßen die Erwachsenen am **Feuer**.
14. Bei der Büffeljagd saßen sie auf **Pferden**.
15. Die Mutter trug die Babys in einem **Ledersack**.

L4 Lösungswort: **Pferde**

L5

Grau-Hengst	„Steh auf, Fliegender Stern!"
Fliegender Stern	„Was ist?"
Grau-Hengst	„Du sollst mit zum See!"
Fliegender Stern	„Ich bin noch zu müde."
Grau-Hengst	„Soll ich mich für meinen Bruder schämen?"
die anderen	„Los!"
Grau-Hengst	„Komm, Fliegender Stern!"
die anderen	„Nun zeige, dass du wirklich ein Großer bist!"
Grau-Hengst	„Ich befehle es dir!"
Fliegender Stern	„Wirf mich hinein!"
Grau-Hengst	„Das gilt nicht."
Grau-Hengst	„Aber komm, gib mir die Hand, wir springen zusammen."
Grau-Hengst und Großer Felsen	„Für heute ist das genug."
Fliegender Stern	„Schlag mich!"
die anderen	„Er hat sich die spitzesten Nadeln ausgesucht!"
Fliegender Stern	„Aber fest!"
Fliegender Stern	„Noch fester!"
Fliegender Stern	„Weiter!"
die anderen	„Wir wissen jetzt, dass du ein tapferer großer Junge bist!"
der Vater	„Du wirst ein tüchtiger Mann werden, Fliegender Stern!"
Fliegender Stern	„Aber ich habe große Angst gehabt ..."
der Vater	„Ich weiß."
der Vater	„Auch erwachsene Männer haben manchmal Angst."

L6 Diesen Fisch hat mir Großer Felsen **geschenkt**. Ich habe nämlich zuerst mit den Kleinen **gespielt** und nachher konnte ich nicht **still sitzen** und dann war es **zu spät**.

Kontrollkarte 2

L8 Der Arzt der Indianer war der **Zaubermann**. Er heilte die **Kranken**. Er sagte das **Wetter** voraus. Er redete mit den **Geistern**. Der Zaubermann in Ursula Wölfels Geschichte heißt **Wissendes Auge**. Er erzählt den Indianerjungen vom **weißen Mann**: „Manchmal wohnen die Weißen in schwimmenden Häusern." Er meinte damit **Schiffe**. Die Häuser der Weißen nannte er: **Zelte aus Holz und Steinen**. Er sprach auch von einem **feurigen Wagen**. Damit meinte er die **Eisenbahn**.

L9 Er will ihnen sagen, dass dieses Land und die Büffelherden den Indianern gehören.
Vaters Satz geht ihm nicht aus dem Kopf:
Ehe in diesem Winter der Schnee von unseren Zelten schmilzt, werden wir viele Gräber graben müssen.

So nutzen die Indianer Büffel: **Fleisch, Blut:** Nahrung
Sehnen: Nähgarn, Waffen
Schwanz, Kopf, Hörner, Zähne: Schmuck, Masken
Blase, Darm: Gefäße
Fett: Nahrung, Vorrat, Körperpflege, Kleiderpflege
Knochen: Nadeln, Geräte, Spielzeug
Fell, Leder: Wohnung, Ausrüstung, Kleidung, Decken

L11 Lösung: **Das Loch im Berg**

(1) Fliegender Stern hatte ein Pferd. Es hieß **Himmelsrand**.
(2) Auf dem Weg zu den Weißen fanden zwei junge Indianer wenig **Wasser**.
(3) Der Bruder-Freund von Fliegender Stern hieß **Grasvogel**.
(4) Die Schwarzfuß-Indianer lebten in der Prärie. Dieses Land war **flach**
(5) und **offen**.
(6) Der „Eiserne Pfad" waren die **Schienen**.
(7) Die Jungen hörten von den Felsen ein **Echo**.
(8) Die Jungen glaubten, im Land der Weißen wohnten böse **Geister**.
(9) Fliegender Stern und Grasvogel wollten Hunger und Angst vergessen.
Sie erzählten sich deshalb alte Indianer**märchen**.
(10) Grasvogels Pferd hieß **Buntes Pferd**.
(11) Das Loch im Berg war ein **Tunnel**.
(12) Fliegender Stern war ein guter **Reiter**.
(13) Das Land der Prärie-Indianer war flach. Im Land der Weißen gab es viele **Berge**.

L12 Lösungswort: **Büffeljagd**

1 Fliegender Stern verdankt seinen Namen einer **Sternschnuppe**.

2 Die **Beringstraße** verdankt ihren Namen dem dänischen Seefahrer und Forscher Bering, der im Auftrag des Zaren Peter des Großen die östliche Küste Sibiriens erforschte. Dabei durchfuhr er das Meer zwischen Sibirien und Alaska, das heute Beringstraße genannt wird.
Die **Diomedesinseln** liegen zwischen dem Prinz-von-Wales-Kap und dem Ostkap.

Kontrollkarte 3

9 Nach dem Massaker am Wounded Knee **1890** ergaben sich die Indianer den Amerikanern. Seitdem leben sie überwiegend in Reservaten.

1973 wollten einige Akteure der Amerikanisch-Indianischen Bewegung (AIM) auf die schlechten Lebensbedingungen im Reservat Pine Ridge aufmerksam machen. Dort herrschte Armut, Arbeitslosigkeit, es gab zahlreiche Selbstmorde und eine geringe Lebenserwartung. Die Familienmitglieder des Ladenbesitzers stellten sich als „Geiseln“ zur Verfügung, damit die Aktion genügend Aufmerksamkeit erwecken und im Fernsehen gesendet würde. Die US-Regierung stellte dies als internen Bürgerkrieg dar, schickte zunächst das Militär und stationierte dann für zwei Jahre ca. 30 FBI-Agenten im Reservat. Über 80 Reservatsbewohner wurden im Laufe dieser Zeit getötet, andere sitzen noch heute in Haft, obwohl die Beweise als gefälscht eingestuft werden.

17

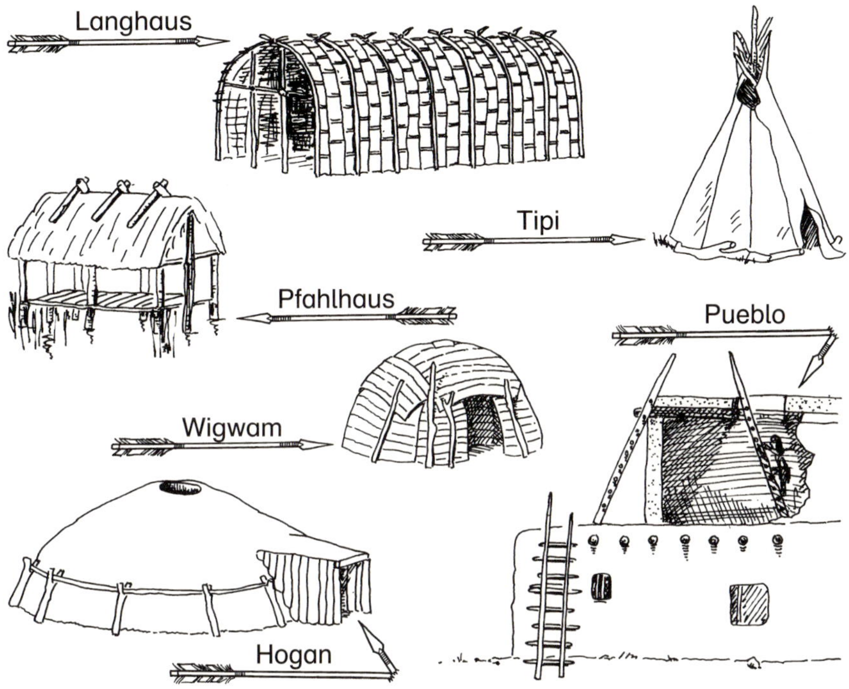

25

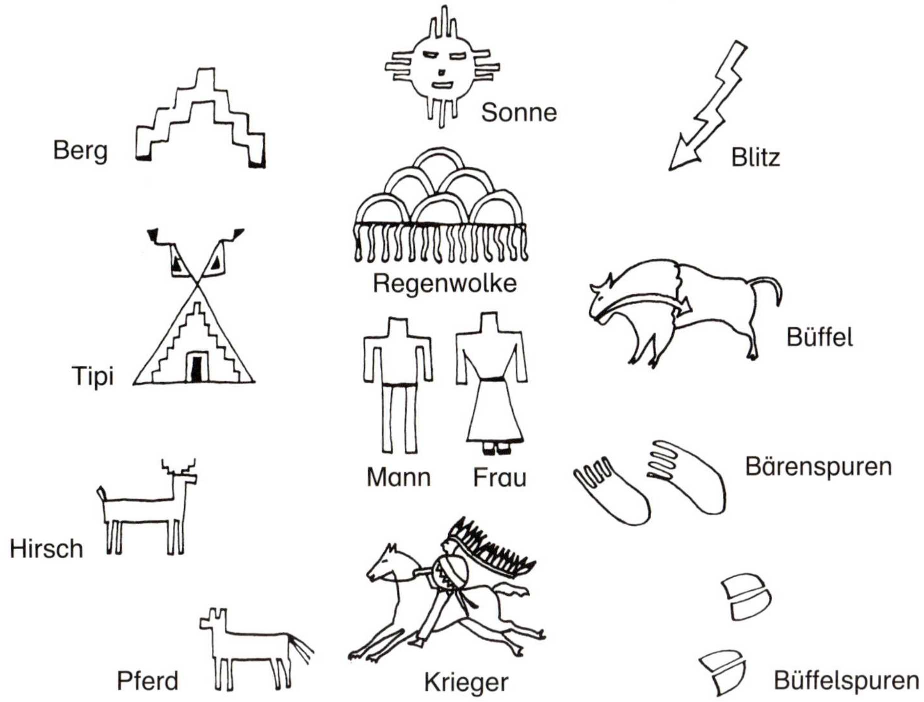

Kontrollkarte 4

27

	Zelt		viel
	Lager		Mond
	zerstörtes Lager		Sonne
	Lagerfeuer		Sonnenaufgang, Morgen
	Küche		Mittag
	Tanz um das Feuer		Sonnenuntergang, Abend
	nichts tun		Regen
	Kanu		Nacht
	Kanu mit sechs Leuten		Baum
	gehen, Spuren hinterlassen	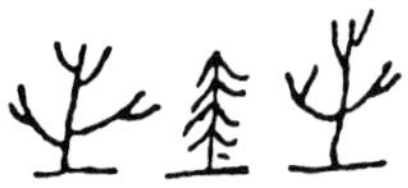	Wald
	Straße, Weg		Büffel
	Fluss	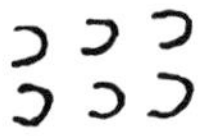	Pferdespur

Kontrollkarte 5

28

	Indianer		Weißer
	Mann (Indianer)		Mann (Weißer)
	Frau (Indianerin)		Frau (Weiße)
	Freundschaft		Weißer mit Gewehr
	weiser Mann (auch Medizinmann)		alter Mann
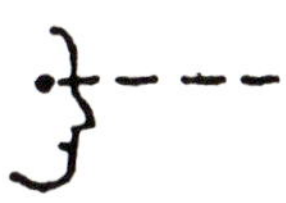	sehen		reden
	essen		Gespräch
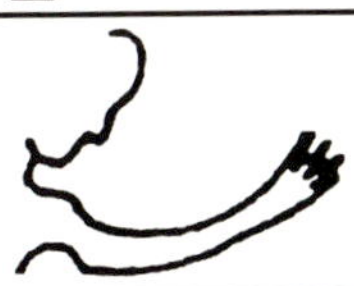	tretet näher, um zu reden		Rat halten
	Sonne im Herzen (froh sein)		das Herz ist schwer (traurig sein)
	der große Geist		einer, der Macht hat
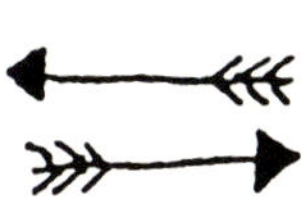	kämpfen, Krieg		Frieden
	Freundschaft		tot (alles, was tot ist, steht auf dem Kopf)

Kontrollkarte 6

29

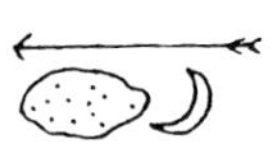	Vor vielen Monden,		Er tötete zu viele Vögel.		Der weiße Mann wurde traurig. Sein Herz wurde schwer.
	bevor der weiße Mann kam,		Er pflügte zu viel Land.		Er sagte: „Ich muss meine Kinder lehren, weiser zu sein, als ich es war.
	hatte der Indianer Sonne im Herzen.		Der Indianer wurde traurig.		Ich werde sie lehren, wie man Bäume pflanzt.
	Es gab viele Wälder.		Er zog nach Westen in Richtung der untergehenden Sonne.		Ihre Wurzeln werden das Wasser und die Erde festhalten.
	Es gab viele Tiere.		Der große Geist war ärgerlich über den weißen Mann.		Ich werde Fische in die Flüsse tun.
	Es gab viele Vögel.		Er sagte: „Wir werden sehen, wo Habgier und Verschwendung enden."		Sie werden die Jungen der Moskitos und andere Insekten fressen."
	Es gab viele Fische.		Weil es keine Vögel mehr gab, die Insekten fraßen, nahm deren Zahl zu.		Ich werde Vogelhäuser in die Bäume hängen. Die Vögel werden die schädlichen Insekten fressen."
	Viele Jahre hat der Indianer hier gelebt.		Viele Insekten kamen und fraßen die Saat der Weißen.		Er sagte: „Wenn ich das tue, wird Gott mit mir zufrieden sein.
	Dann kam aus der Richtung der aufgehenden Sonne der weiße Mann im Kanu mit Flügeln.		Weil es keine Wälder mehr gab, die den Boden festhielten,		Das Land wird gut und schön sein, so wie es war, als der Indianer dort lebte,
	Mit seiner Axt hackte er zu viele Bäume ab.		schwemmten tosende Wasser das Land weg ins Meer.		bevor meine weißen Verwandten hierher kamen."
	Mit seinem Gewehr erschoss er Hirsche, Bären und andere Tiere.		Weil es keine feste Grasdecke mehr gab, riss der Wind die Erde mit.		
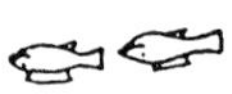	Er fing zu viele Fische.		Sandstürme bedeckten die Häuser des weißen Mannes mit Staub.		

Kontrollkarte 7

(30)

Es steht dort: ha lo ti mo! ha lo su si!
Es soll natürlich heißen: Hallo Timo! Hallo Susi!

ᎣᏏᏲ o si yo *Hallo!*	ᏙᎯᏧ do hi dzu *Wie geht's dir?*	ᎣᏍᏛ o s d<u>a</u> *Gut.*	ᏂᎯᎾ ni hi na *Und dir?*
ᎣᏍᏓᏛ o s da d<u>a</u> *Auch gut.*	ᎰᏩ ho wa *Okay.*	ᎦᏙᏕᏣᏙᎠ ga do de dza do a *Wie heißt du?*	_______ ᏓᏩᏙᎠ _______ da wa do a *Ich heiße _______.*
ᎭᏢᎮᎦ ha dl<u>a</u> he ga *Wohin gehst du?*	ᎦᏙᎭᏛᏁᎭ ga do ha d<u>a</u> ne ha *Was machst du?*	_______ ᎨᎦ _______ ge ga *Ich gehe _______*	_______ ᎦᏛᏁᎭ _______ ga d<u>a</u> ne ha *Ich mache _______*
ᏙᎾᏓᎪᎲᎢ do n<u>a</u> da go h<u>a</u> i *Auf Wiedersehen!*	ᏌᏊᎢ sa gwu i *eins*	ᏔᎵ ta li *zwei*	ᏦᎢ dzo i *drei*

(31)

<table>
<tr><td>
50</td><td>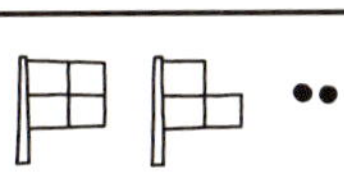
37</td><td>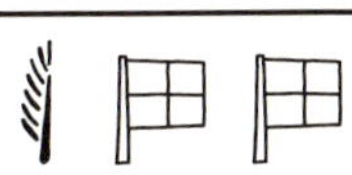
240</td><td rowspan="2">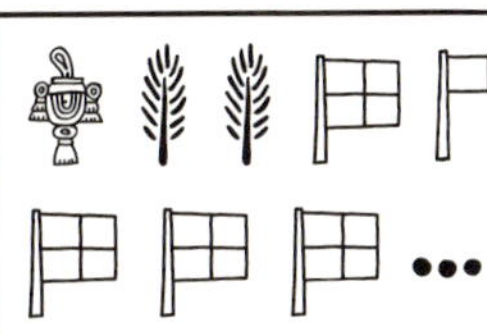
8888</td><td rowspan="2">
12212</td></tr>
<tr><td>
710</td><td>
329</td><td>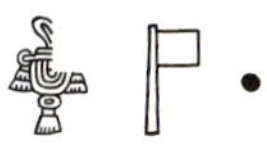
6006</td></tr>
</table>

Kontrollkarte 8

32

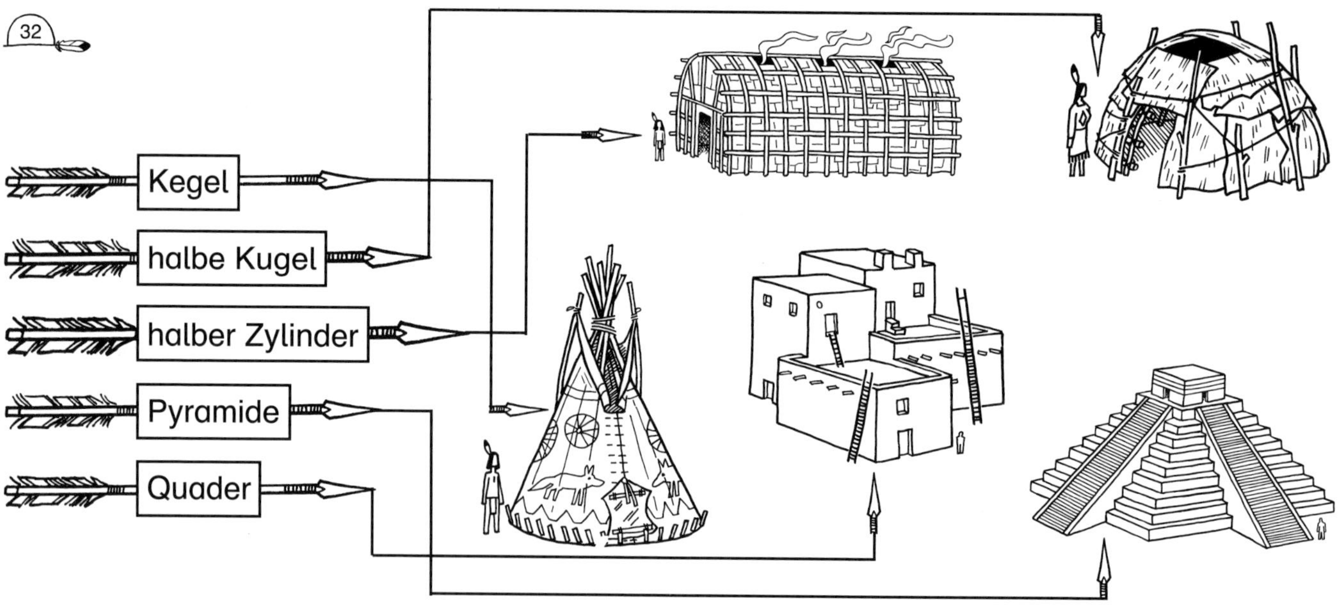

33 Flinke Feder und Lachender Lachs müssen 2 • 6 + 8 + 18 = 38 Fische fangen.
Sie fangen in den fünf Stunden 2 • 12 + 6 + 2 • 4 = 38 Fische. Das reicht genau.
Außer ihrer Angelausrüstung müssen sie 38 • 250 g = 9.500 g = 9,5 kg tragen. Das sind für jeden 4,75 kg. Drei große Wasserflaschen sind zum Beispiel ungefähr so schwer oder 5 Packungen Mehl oder 48 Tafeln Schokolade.

34

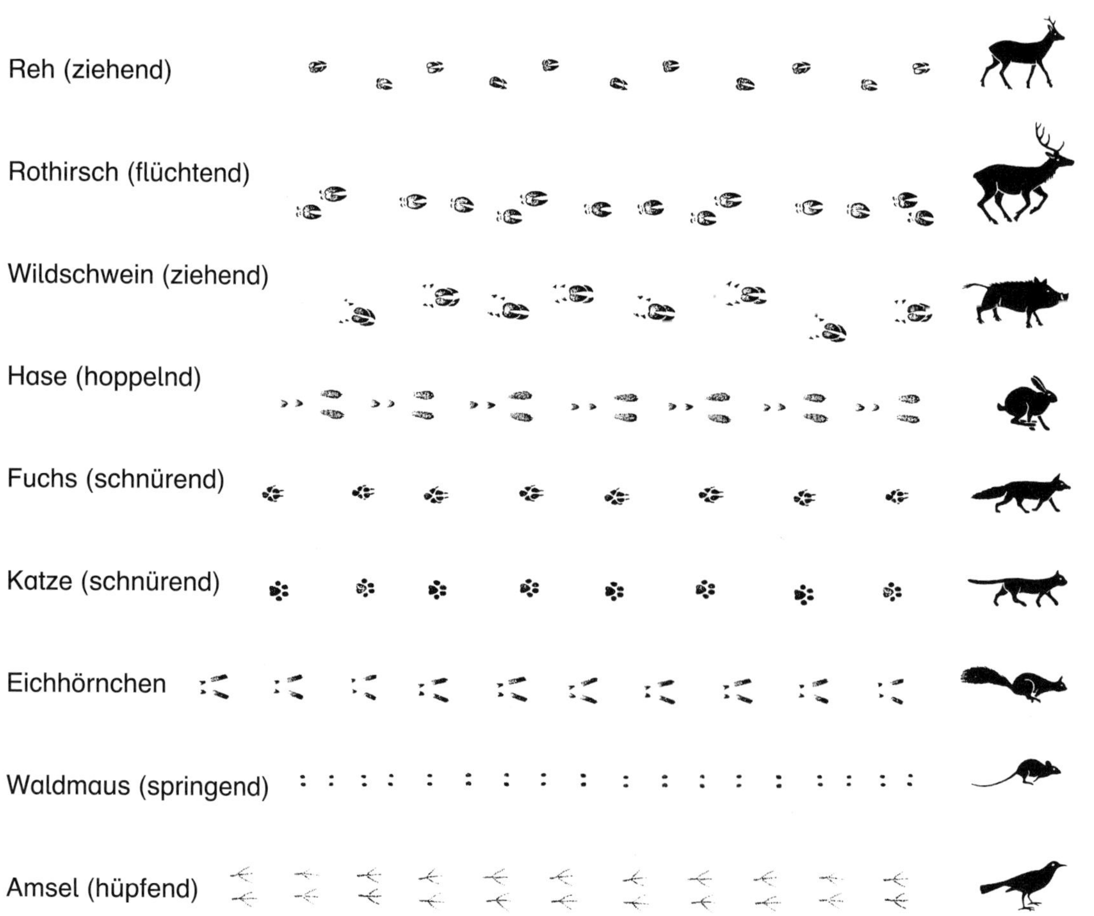